O estigma da cor, de Jacira Monte[...] e pedagógica. É piedosa porque a d[...] o próximo jorram de suas páginas com a doçura típica dos mais [...]os mestres da cristandade. É perspicaz porque é precisa em sua leitura do momento presente, com um olhar abrangente sobre as relações sociais no mundo e incisivo sobre a atuação e omissão da igreja. Acima de tudo, é pedagógica porque propõe-se a guiar o leitor pelo intrincado labirinto do debate racial, sempre puxando pelo cordão da mensagem evangélica. Para tanto, a autora busca referências em autores brancos e negros, brasileiros e estrangeiros, cristãos e não cristãos, estabelecendo com graça e inteligência os caminhos da reconciliação. Este é um livro valioso para toda a igreja brasileira. Glorifico a Deus por permitir que tal obra estivesse à disposição de seus filhos em nosso país.

CACAU MARQUES é pastor na Igreja Batista Vida Nova, em Nova Odessa (SP), e professor na Teológica Batista de Campinas. É *podcaster* e há anos tem trabalhado na equipe BiboTalk.

Desde os tempos de Florestan Fernandes, a consciência da realidade do racismo brasileiro vem sendo lentamente construída, mas os últimos anos viram um progresso notável nesse sentido. No ambiente evangélico, no entanto, essa consciência é ainda muito tênue; o que torna o livro da Jacira uma genuína boa notícia! Descomplicadamente, a jovem autora introduz o leitor cristão às questões cruciais: herança da escravidão, evangelização culturalmente insensível, a invisibilização da mulher negra na teologia evangélica da família, os mitos, a questão da raiva e do ressentimento. E em todas as reflexões encontro coração, honestidade e compromisso com a Bíblia. Uma jovem negra e cristã escrevendo seriamente sobre esses temas é um sinal de esperança para o futuro do movimento evangélico.

GUILHERME DE CARVALHO é teólogo e pastor evangélico, fundador da Associação Kuyper para Estudos Transdisciplinares, presidente da Associação Brasileira de Cristãos na Ciência. É diretor de L'Abri Fellowship Brasil junto à sua mulher, Alessandra.

A irmã Jacira é uma benção para a igreja brasileira e o seu livro é leitura obrigatória para se debater sobre o racismo intramuros da igreja. A leitura do livro é importante e urgente para pastores e líderes de igrejas locais, não somente porque a irmã Jacira tem lugar de fala, mas por três qualidades do seu texto: discernimento, sensibilidade espiritual e uma escrita em tom pacificador. Destaco essas qualidades como muito importantes porque precisamos de gente que se posicione assim nestes dias em que o discurso de ódio impera em nossos textos. A igreja evangélica no Brasil precisa muito de gente que se esforce para mostrar o erro do irmão enquanto tenta também salvar o mesmo da continuidade do pecado do racismo.

O racismo no Brasil é estrutural, e as hostes malignas se escondem por detrás dele. A igreja reflete e, às vezes, emula o comportamento que encontramos fora dela ao invés de denunciar este pecado. É possível ter gente lavada pelo sangue do Cordeiro e ser racista? Sim, é possível. E este precisa ser denunciado, admoestado até que se arrependa deste pecado e depois do seu arrependimento ser discipulado. E este livro ajudará neste propósito.

GUILHERME BURJACK é professor, missionário transcultural, mestre em Ciências da Religião e teólogo.

Prático, necessário e bíblico, este livro é elucidativo sobre questões tão pertinentes à vida da igreja no Brasil. Uma leitura clara e direta, que merece a atenção especial do leitor para construir novas perspectivas. Jacira Monteiro é movida por um anseio por mudanças, sonhando, estudando e trabalhando para que o meio cristão seja um ambiente que entenda a pluralidade do corpo de Cristo. A graça de saber que a jovem mulher e a potente voz desta guineense com alma brasileira poderão trazer mudanças importantes é um novo fôlego para homens e mulheres negros no Brasil. Que este livro possa ser referência e alicerce para um novo tempo de mais informação e justiça. É urgente a necessidade dos temas abordados nesta brilhante obra e somos contempladas por sermos brilhantemente representadas, desejamos muito que esta obra sirva de espelho e referência para igrejas que precisam ser despertadas e para tantos que já trabalham e lutam por isso. A igreja precisa destas palavras.

PROJETO AGOSTINHAS, Ana Azevedo, Flora Ngunga, Iza Vicente e Kátia Nunes.

Ao se refletir sobre o problema do racismo, muitos torcem o nariz acreditando se tratar de uma pauta progressista. Contudo, como Jacira Monteiro nos mostra em seu livro *O estigma da cor*, o racismo é um pecado e, como tal, é um tema eminentemente cristão e, assim, não deve ser negligenciado. Como cristãos devem lidar com o racismo? Jacira nos oferece uma reflexão bíblica e histórica, esclarecendo diversos equívocos sobre o assunto e convidando todos os cristãos a se conscientizarem sobre a questão. Recomendo a leitura.

JONATHAN SILVEIRA é graduado em Direito e Teologia, fundador e editor do site *tuporem.com.br*.

A obra de Jacira soma aos clamores proféticos contra a iniquidade do racismo no Brasil. Seu texto expressa um grito profundo por justiça, uma justiça proveniente do coração de Deus o qual conhece intimamente a injustiça, a indiferença e a opressão.

A perversidade do racismo enraizou-se nas entranhas do Brasil, um país cristianizado. Cristãos brasileiros, de modo geral, conviveram por séculos com a escravidão e hoje convivem com os desdobramentos históricos dessa chaga. Diante desse triste cenário, um arrependimento genuíno é urgente para o avanço da libertação. Portanto, Jacira nos indica a necessidade de uma transformação a partir de uma leitura bíblica sensível, um olhar honesto para nossa sociedade desigual e um reconhecimento sincero.

Sua obra não é apenas uma denúncia, é também um encorajamento alimentado pela realidade e esperança do evangelho. Fica perceptível que Jacira compartilha do sonho de ver a criação de Deus em nossa nação caminhando em justiça, reconciliação, fraternidade e harmonia. Que suas palavras despertem leitores para missão do combate ao racismo.

LUCAS LOUBACK é pastor da Igreja Mesa Vineyard (RJ) e coordena e mobiliza projetos na ONG Rio de Paz.

Por anos procurei direcionamentos sobre como enfrentar o racismo no Brasil sendo cristã. O pecado do racismo me feriu de várias formas: como pessoa, como mulher e, principalmente, como filha do Pai. Foi difícil entender o propósito da dor, de entender onde me encaixo nessa luta, e como lidar com os estigmas impostos a mim durante anos em uma sociedade ferida. Este livro é uma resposta de oração e de esperança.

Quando conheci Jacira, tive a certeza de que Deus tinha grandes planos pra ela. Enquanto acompanhei sua jornada, pude ver seu desejo de auxiliar e compartilhar seus estudos com nossa comunidade cristã e de desenvolver este projeto iluminador. Que a graça do Pai toque o coração de cada um dos leitores e que sua força e consolação nos guiem nessa difícil jornada de amar, exortar e perdoar.

ANA STAUT é membro da Igreja Esperança, em Belo Horizonte, pintora, jornalista e autora do livro *Fortes e fracos* (Thomas Nelson Brasil) sobre vida cristã e saúde mental.

JACIRA PONTINTA
VAZ MONTEIRO

O ESTIGMA DA COR

COMO O RACISMO
FERE OS DOIS GRANDES
MANDAMENTOS DE CRISTO

O estigma da cor: como o racismo fere os dois grandes mandamentos de Cristo
Copyright © editoraquitanda, 2023

É expressamente proibida a reprodução total ou parcial deste livro, por quaisquer meios (eletrônicos, mecânicos, fotográficos, gravação e outros), sem prévia autorização, por escrito, da editora.

Revisão: João Lucas Régis Cabral e Giovanna Staggemeier
Edição: Tomás Camba
Produção: Editora Quitanda
Capa e Diagramação: Caio D'art Design
Colaboração: Wanderson José dos Santos e Martinho Cardoso Chingulo

Dados Internacionais de Catalogação na Publicação (CIP)
(BENITEZ Catalogação Ass. Editorial, MS, Brasil

M777e   Monteiro, Jacira Pontinta Vaz
            O estigma da cor : como o racismo fere os dois grandes
           mandamentos de Cristo / Jacira Monteiro. – 1.ed. –
           Rio de Janeiro : Quitanda, SP : Thomas Nelson Brasil, 2023.
           192 p.; 13,5 x 20,8 cm.

           ISBN 978-65-56897-12-7

           1. Cristianismo 2. Ética cristã 3. Igreja cristã. 4. Princípios – Aspectos
           religiosos – Cristianismo. 5. Racismo. 6. Vida cristã I. Título.

03-2023/30   CDD-248.4

Índices para catálogo sistemático:

1. Racismo : Princípios : Aspectos religiosos : Cristianismo
Aline Graziele Benitez – Bibliotecária - CRB-1/3129

SUMÁRIO

9   AGRADECIMENTOS

11   PREFÁCIO

13   INTRODUÇÃO

25   **CAPÍTULO 1:** TEOLOGIA DO REI LEÃO

43   **CAPÍTULO 2:** ESCRAVIDÃO E SEU LEGADO

63   **CAPÍTULO 3:** A COLONIZAÇÃO E A IGREJA

81   **CAPÍTULO 4:** A MULHER NEGRA E A FEMINILIDADE ELITISTA

103   **CAPÍTULO 5:** A SÍNDROME DE CAIM

119   **CAPÍTULO 6:** RAIVA E RESSENTIMENTO

149   **CAPÍTULO 7:** A VIDA MISSIONAL

167   CONCLUSÃO

179   **APÊNDICE** DICAS PRÁTICAS NO COMBATE AO RACISMO

187   REFERÊNCIAS

AGRADECIMENTOS

Há uns anos, havia uma moça que tinha vergonha até de dizer seu nome para um estranho. Essa moça era extremamente insegura e introspectiva. Se alguém dissesse para ela que um dia ela escreveria livros ou que daria uma palestra, ela certamente iria rir bastante. Mas não é assim que o Senhor faz? O Santo Livro diz que "Deus escolheu as coisas fracas deste mundo para confundir as fortes" (1Coríntios 1.27). Como Deus transformou uma moça tímida e envergonhada em uma mulher que entende que sua vocação é não se calar perante as injustiças? Não sei. O que eu sei é que sou fraca e meu Deus é forte e ele me capacita para toda a boa obra. Agradeço, portanto, primária e primeiramente a ele.

Agradeço aos meus maiores incentivadores, que não são os meus amigos nem os meus pastores (embora eles façam um ótimo trabalho nesse sentido), mas sim meus pais. Aqueles que acreditaram desde sempre em mim e me incentivaram na caminhada cristã e na busca por andar no caminho da retidão e honestidade, sem perder a graça e a esperança, têm nomes: Daniel Vaz Monteiro e Jaquilina Pontinta Cá Monteiro. Meus amados pais. Eu os amo e respeito profundamente. Obrigada por todo investimento que fizeram e fazem em mim. Obrigada pelas palavras de repreensão, incentivo, encorajamento e amor. Obrigada.

E já que estamos falando de família, tenho de fazer menção aos meus amados irmãos mais novos, Andoly e Sophia. Eu oro por vocês e quero um mundo melhor para vocês. Espero que meus esforços redundem em algo. Mas mesmo que nada mude, saibam que vocês têm a mim e eu tenho a vocês. Juntos somos mais fortes e conseguiremos superar qualquer coisa. Saibam que vocês têm um espaço especial no meu coração.

Sou grata aos meus amigos próximos que sempre me encorajaram e ajudaram. Vocês são prova da graça divina na minha vida. Vocês me ajudam a vencer minhas aflições e a encontrar leveza e beleza nessa caminhada tão árdua. Obrigada.

Sou grata à minha psicóloga, Michelly Tenório, que pacientemente me conduz e me ajuda a vencer meus medos e aflições. Enquanto escrevia este livro, tive crises de ansiedade, que me travaram por completo. As consultas terapêuticas me serviram de grande valia para a conclusão dessa obra. Louvo a Deus por sua vida, Michelly. Obrigada!

Tive o privilégio de ter o pastor Davi Lago prefaciando esta obra. E ainda os queridos pastores Cacau Marques, Guilherme de Carvalho, Guilherme Burjack, Lucas Louback, além de Jonathan Silveira, e das amigas queridas do Projeto Agostinhas (Ana Satut, Ana Azevedo, Flora Ngunga, Iza Vicente e Kátia Nunes), fazendo os endossos. Sou uma grande admiradora do trabalho de todos esses amigos, e é uma honra imensa para mim ter a recomendação de vocês. Muito obrigada.

Estou feliz em poder contribuir com a discussão a respeito da justiça racial. E meu agradecimento mais que especial à Editora Quitanda pelo convite e pelo espaço para a publicação.

Porque dele, e por meio dele, e para ele são todas as coisas. A ele, pois, a glória eternamente. Amém! (Romanos 11:36)

PREFÁCIO

Como o coração pulsa por sístole e diástole, a fé cristã pulsa por amor a Deus e ao próximo. Os grandes mandamentos de Jesus impulsionam a dinâmica do discipulado: o primeiro nos aproxima de Deus, o segundo nos torna como Deus. Vale ressaltar a impressionante afirmação de Jesus de que "destes dois mandamentos dependem toda a Lei e os Profetas" (Mateus 22.40). A expressão grega para "dependem" é *krematai*, que significa literalmente "pendurados": como uma pedra no pescoço (Mateus 18.6) ou como um homem na cruz (Lucas 23.39). Ou seja, tudo na Bíblia está pendurado, fixado através do amor. Definitivamente o racismo ofende os dois maiores mandamentos de Cristo e descumpre o preceito fundamental do amor. Afinal, todo ser humano carrega a imagem e semelhança de Deus. Assim, desde o início da igreja, os discípulos de Cristo receberam a missão de ir e fazer discípulos de toda *ethne* (Mateus 28.1820). No horizonte cristão, na visão final da história, o apóstolo João viu o povo redimido de toda tribo, língua e *ethnous* (Apocalipse 5.9).

Nesta obra preparada com esmero pela Editora Quitanda, Jacira Monteiro apresenta um conjunto de reflexões sobre como o racismo fere os dois grandes mandamentos de Cristo. O texto de Monteiro é incisivo e atravessa temas como escravidão, colonialismo, violência contra a mulher, ressentimento e desigualdade social, mas apresenta caminhos propositivos fundamentados no arcabouço bíblico e em testemunhos eclesiais. Se muitos falsos cristãos — e falsos cristos — simplesmente ignoraram os preceitos do amor e da justiça, existe, por outro lado, um legado sólido de combate às injustiças na história cristã. Esses exemplos não nos deixam desanimar. Como afirmou Coretta King, "se tudo for 'olho por olho', acabaremos todos cegos".

Mas é necessário dizer que há mais nesta obra de Monteiro: o testemunho da própria autora. Natural de Guiné-Bissau, criada no Brasil, leitora erudita, observadora arguta da realidade social, dona de uma escrita suave e cativante, Jacira Monteiro presenteia seus leitores com um livro singular. Chama a atenção sua habilidade em conectar temas densos teórica e emocionalmente, com uma prosa vívida, esperançosa, repleta de alusões artísticas e exemplos práticos. O livro é particularmente único no âmbito da lusofonia ao examinar a temática racismo e ética cristã com tamanha qualidade literária. Assim, *O estigma da cor* retoma o melhor da tradição cristã no combate ao racismo, dialogando sem medo com a cultura contemporânea e ressaltando a pertinência atemporal dos mandamentos do amor.

DAVI LAGO
São Paulo, Brasil, Inverno de 2021

INTRODUÇÃO

> Levai as cargas uns dos outros e, assim,
> cumprireis a lei de Cristo.
> **GÁLATAS 6.2**

A série americana *This is Us* conta a história da família Pearson. Os primeiros episódios mostram o casal Jack e Rebecca Pearson grávidos de trigêmeos. No ato do parto, infelizmente, um dos bebês não resiste. Coincidentemente — ou providencialmente, se você não acredita em coincidências —, um outro bebê havia sido deixado na maternidade naquele dia, pois havia sido abandonado no corpo de bombeiros. Jack e Rebecca adotam o bebê que foi abandonado. Acontece que Jack e Rebecca eram brancos, e o garoto que adotaram era negro. Os nomes que os Pearsons deram aos trigêmeos foram: Kevin, Kate e Randall (o adotado).

As crianças cresceram em um lar cheio de amor, apelidados de "The Big Three" pelo pai deles. Contudo, Jack e Rebecca não deram atenção devida às diferenças do Randall, das particularidades dele como um menino negro. Isso não ocorria por maldade da parte dos Pearsons pais, mas simplesmente cuidavam do Randall, com todo amor, sem fazer importantes distinções entre ele e os seus outros irmãos. Um acontecimento emblemático é de quando Randall já estava mais crescido e começaram os questionamentos e percepções sobre sua identidade, sua cor e o que isso significava socialmente falando.

Em uma cena do episódio 6 da temporada 4, Jack e Randall têm uma conversa profunda sobre a questão da cor e identidade. Jack diz a Randall que se sentiu desconfortável em um clube de golfe que foi, anos atrás, por causa das pessoas ricas e esnobes que o desdenharam. O pai usa essa situação para mostrar ao filho que entende a dor dele, já que Randall via a si mesmo discriminado pela sociedade. Nesse ponto, Randall lembra ao pai que, por ser negro, ele nem sequer poderia entrar nesse clube, fazendo referências às leis Jim Crow.

Após a fala do Randall, Jack se desculpa pela comparação e se justifica, dizendo: "Não olho para você e vejo uma cor. Eu vejo meu filho". E a isso, o Randall responde: "Então você não me vê, pai."

VOCÊ ME VÊ?

O pensamento do Jack, o personagem da série *This is Us*, não é incomum. Algumas pessoas acreditam que a busca pela igualdade perpassa necessariamente pela uniformidade e o negacionismo das nossas particularidades. Ou ainda, acreditam que não falar sobre o racismo e conflitos e tensões étnico-raciais seria a solução para o desaparecimento desses problemas. Não poderiam estar mais errados.

Introdução

A ideia de uniformidade é antiga. Segundo Dewi Hughes,

até meados do século 20, a eliminação da distinção étnica foi considerada altruísta. Acreditava-se que a diversidade era um obstáculo para o desenvolvimento de uma sociedade democratizada e industrializada, que levaria a uma maior prosperidade e felicidade para um maior número de cidadãos. Essa crença política modernista previu com confiança o fim da identidade étnica à medida que houvesse o despertar para os direitos de igualdade para cada cidadão do Estado, independentemente da sua identidade étnica, e correspondente crescimento em termos de prosperidade material para cada um dos cidadãos. Contudo, isso não aconteceu. Essa foi a crença política em que os Estados pós-coloniais foram estabelecidos. Sua independência baseou-se na eliminação da distinção étnica.[1]

Ou seja, não era apenas uma ideia de igualdade em si, de tratar o outro sem perceber as nossas diferenças, mas também havia ideais econômicos por trás. A multietnicidade seria algo danoso e ruim. Contudo, a diversidade étnicorracial é ideia do próprio Criador. Se Deus quisesse tudo igual, ele não teria feito tudo diferente. Lutar contra a multietnicidade é lutar contra o próprio Deus e sua graça criativa.

Randall disse ao Jack que ele não o via, pelo fato de seu pai decidir ignorar a sua identidade como negro. E eu te pergunto: Você me vê? Você consegue ouvir os gritos do meu povo? Consegue perceber os sofrimentos e discriminação velada diária a que somos ul-

---

[1] Disponível em: https://lausanne.org/content/peace-to-the-nations-zechariah-910-ethnicity-in-the-mission-of-god.

trajados nesse mundo que está sob domínio de Satanás? Você consegue perceber a subalternidade a que o meu povo é submetido?

AFRICANA DEMAIS PARA SER BRASILEIRA

Sou natural da Guiné-Bissau, um país do continente africano e fui criada aqui no Brasil, onde moro desde os 7 anos de idade. Minha identidade cultural é bagunçada. Minha família e eu vivemos no Brasil, mas não nos desvencilhamos (graças a Deus) de nossa cultura africana. Temos o hábito de comer comidas típicas de Guiné-Bissau, falar também em nossa língua materna (o crioulo) em casa, e o hábito de conversar com nossos familiares guineenses. Respeitamos a nossa cultura e os nossos, por isso digo que minha identidade é bagunçada. Me considero africana demais para ser brasileira completamente e brasileira demais para ser africana completamente.

Guiné-Bissau é de maioria negra, logo, foi impossível não sentir o impacto racial ao chegar ao Brasil. Enxerguei a diversidade, algo, de certa forma, novo para mim a princípio. Eu observei as questões raciais até onde minha idade me permitia entender desde que cheguei ao Brasil, pois chamava a minha atenção. Quanto mais eu crescia, melhor entendia como se davam as diferenças étnicas na sociedade brasileira.

Meus pais — como a maioria dos pais de criança negra — sempre me aconselharam a estudar muito e me esforçar, pois as discriminações da vida seriam barreiras a mais que eu haveria de enfrentar. Para tanto, era necessário eu sempre batalhar e dar o melhor de mim. Eu obedeci e assim fiz. Entretanto, percebi que as minhas qualificações não me impediam de ser discriminada (e meus pais não me prometeram que eu não seria discriminada se eu tivesse uma boa qualificação. Ninguém me prometeu isso, na verdade). Não

INTRODUÇÃO

importava o quanto eu me esforçasse. Nisso, acabei internalizando algumas ideias tortas de como uma parte da sociedade — e aqui falo dos abertamente racistas — me vê, enquanto pessoa negra, e não me percebia como Deus me vê. Isso me prejudicou, deteriorou meu senso de pertencimento e identidade.

Acredito que todo negro consciente racialmente passa por crises existenciais. Não foi diferente comigo. Perceber os desafios discriminatórios diários pode nos adoecer. Cresci com distorções na autoimagem por causa do racismo velado. Estudar a história da escravidão e o racismo me ajuda a entender que não há nada errado comigo, mas há algo muito errado em como a sociedade foi construída, forjando narrativas para legitimar a subalternidade de um povo.

Por isso decici que teria esmero em estudar sobre o racismo com a minha Bíblia ao lado. Quero proteger minha mente dos extremismos que estes assuntos, às vezes, levam aqueles que, mesmo de boa vontade, procuram entendê-lo melhor. Conhecer a dor do sofrimento do meu povo e a dor da indiferença de muitos com nossa causa pode, naturalmente, levar à ira e radicalidades. E sei que só conseguirei andar em equilíbrio quando eu for mais como Jesus e menos como Jacira. É por isso que estudo e falo do racismo, contrapondo os fatores históricos de tratamento ao povo negro à luz dos princípios bíblicos.

NINGUÉM SE LEVANTOU

No documentário *Olhos azuis*, de Jane Elliott, a palestrante perguntou ao seu público de maioria branca: se algum deles gostaria de ser tratado como o negro é tratado na sociedade, que ficasse de pé. Ninguém, evidentemente, se levantou ou sinalizou que queria. Isto é, os que veem as pessoas negras — lembrando aqui da conversa entre

Randall e Jack, com a qual iniciei este capítulo — são plenamente capazes de aperceber as condições particulares negativas às quais as pessoas de cor são submetidas. Há um estigma, um estereótipo, o estigma da cor, que prejudica, socialmente falando, as pessoas negras.

Laurentino Gomes, no seu livro *Escravidão — Volume I*, diz que "o Brasil dos colonizadores europeus foi construído por negros, mas sempre sonhou ser um país branco".[2] Racismo existe ainda em nossa sociedade, de modo geral, e embora alguns insistam em negar, o Brasil, de forma particular, é, sim, um país racista. O racismo é pecado, é uma falha moral. Nesse sentido, na matéria da ética cristã, em nossas igrejas, faz-se necessário tratar sobre o racismo. E por causa da ética cristã, deve-se lutar contra o racismo, tanto em sua expressão individual quanto em sua expressão sistemática.

Contudo, o racismo é um assunto ainda pouco explorado em nossas igrejas. Isso se torna em um problema grave, pois muitos irmãos acabam por não saber qual a ética cristã, como pensar e agir, com relação a esse tema. Primeiramente, não se tem conhecimento histórico do ocorrido e isso leva a uma não compreensão profunda de como se dão os problemas étnico-raciais atualmente. Essa situação produz três ocorrências principais:

1. **Negacionismo:** alguns irmãos defendem que o racismo não existe, por isso não se deve falar do assunto nas igrejas — e nem em nenhuma parte da sociedade. Outros irmãos ainda dizem que a Bíblia não fala do racismo e, por isso, não é necessário tratar do assunto em nossas comunidades;

---

[2]Laurentino Gomes, *Escravidão*, vol. 1 (Rio de Janeiro: Globo Livros, 2019), p. 29.

Introdução

2. **Indiferença:** alguns irmãos até sabem que o racismo existe e decidem, conscientes ou não, tornar-se indiferentes; seja por não saber como lutar contra o racismo, seja por achar que é um assunto muito "pesado" a se envolver, permanecendo assim na inércia;
3. **Perseguição ou policiamento excessivo aos que falam do tema:** há uma visão de que o racismo é um assunto de grupos políticos somente, por isso há um policiamento excessivo aos cristãos que, dentro da igreja, se propõem a falar do tema — ainda que se fale de uma perspectiva bíblica e a partir da ortodoxia. Esse policiamento excessivo pode se tornar perseguição e silenciamento.

Acredito que essas situações — e várias outras — ocorrem pelo fato de nossas comunidades não serem tão proativas em falar sobre o tema. Enquanto em outros assuntos éticos, como por exemplo assuntos concernentes à pureza sexual, há muitos materiais (livros, palestras, seminários, eventos etc.), quando se trata de conflitos raciais, infelizmente, há um vácuo. O argumento que mais pesa para essa falta de materiais sobre o assunto é o de que a Bíblia não trata sobre o tema, e de que não há nenhuma passagem que fale diretamente do racismo. Contudo, veja só que contraditório. Não há referências à palavra "Trindade" nas Escrituras, mas ainda assim falamos disso. E com frequência, diga-se de passagem.

Pode não haver diretamente passagens que digam "não sejais racistas" ou ainda "Deus não se agrada do racismo". Contudo, há princípios bíblicos que direcionam à visão clara de que o viver racista, seja consciente ou inconscientemente, seja individual ou sistematicamente, não é o viver cristão. O racismo não é recomendado pelas Escrituras. O racismo é um rebelde atentado contra os dois grandes mandamentos de Jesus Cristo: amar a Deus sobre todas as coisas e o de amar ao próximo como a si mesmo.

Contudo, para deixar claro por que o racismo é uma transgressão e por que devemos falar sobre o tema, recorro ao pastor americano Timothy Keller que, em seu livro *Racismo e justiça à luz da Bíblia*,[3] dá quatro razões, sintetizando por que o racismo é pecado:

1. **Por causa da imagem de Deus:** todos os seres humanos têm igual dignidade e valor como pessoas criadas à imagem de Deus. Keller diz: "É pecado tratar qualquer classe ou grupo de forma desigual como se fossem menos dignos de respeito, amor e proteção";
2. **Por causa do mandamento de amor ao próximo:** racismo é uma falha no amor ao próximo;
3. **Por causa da nova criação:** a Igreja de Cristo, na nova Jerusalém (a nova criação) é multiétnica;
4. **Por causa do evangelho da justificação pela graça somente através da fé:** Keller diz duas coisas importantes nesse ponto. Primeiro: "Racismo é uma violação do princípio da salvação pela graça"; segundo: "Raça e cultura são uma espécie de justiça própria para a maioria das pessoas".

Tendo em vista que todo pecado é cometido primeiramente contra Deus, o racista anda em desacordo com a lei de Deus. É por

---

[3]Timothy Keller, *Racismo e justiça à luz da Bíblia* (São Paulo: Vida Nova, 2020), e-book.

Introdução

isso que, por ser o racismo uma prática tão frequente — inclusive em nossas igrejas existem racistas... Opa! Calma. Não me apedreje. Mas é isso mesmo que você leu: existe cristão racista [Estamos bem? Você ainda está aí? Espero que sim...]. Ok, estava dizendo que, por ser o racismo uma prática tão frequente, há uma urgência em tratar do assunto, à luz da Bíblia, em nossas igrejas. Como disse o dr. Martin Luther King, "o mal deve ser enfrentado e nenhum homem honrado pode se ajustar pacientemente à injustiça".[4]

Retorno novamente ao que Randall, o personagem de *This is Us*, disse ao seu pai: que se o Jack não estivesse disposto a ver suas particularidades, então o seu pai não o via. Escrevo este livro a todos os que já me veem, aos que sabem da particularidade de violência, microviolências e subalternidade às quais o meu povo é submetido. Também escrevo este livro aos que desejam me ver, mas não sabem por onde começar. Aqui compartilho de minhas dores e também da história do meu povo, talvez lhe seja um começo para o entendimento. Mas, principalmente, escrevo, pois, sei que, para cumprir a lei de Cristo, nós, como igreja, precisamos carregar os fardos uns dos outros (Gálatas 6.2). Escrevo para apresentar os meus fardos, para que você possa me ver e ver os meus. Espero que a leitura não seja apenas para o acúmulo de seus conhecimentos, mas para que você possa, proativamente, conhecer para lutar contra as injustiças do tempo presente.

---

[4]Martin Luther King, *A autobiografia de Martin Luther King*, Clayborne Carson, org. (Rio de Janeiro: Zahar, 2014), p. 27.

CAPÍTULO 1
TEOLOGIA DO REI LEÃO

> Nada façais por partidarismo ou vanglória, mas por humildade, considerando cada um os outros superiores a si mesmo. Não tenha cada um em vista o que é propriamente seu, senão também cada qual o que é dos outros.
>
> **FILIPENSES 2.3-4**

Em todos os capítulos pretendo seguir uma linha histórico-temporal para que haja uma melhor compreensão sequencial dos pensamentos que pretendo expor. Neste primeiro momento, conversaremos sobre os primórdios da humanidade, lá no jardim chamado Éden. Então, senta, pega um café (ou chá, ou mesmo um suco), que lá vem história.

Nos capítulos primeiro e segundo de Gênesis, é-nos apresentado o relato da Criação. Segundo o texto bíblico, Deus formou a criação no poder da sua palavra (Gênesis 1.3; Salmos 33.6; Hebreus 11.3), o Criador falou e as coisas foram feitas. Vamos excluir as discussões com relação a se o relato de Gênesis é literal ou poético, meu foco aqui é se deter nos princípios, mandamentos e ordenanças.

A potente voz do Senhor ordenou e todas as coisas foram criadas. É bom nos maravilharmos com a extensão grandiosa do poder do Criador que cria *ex nihilo*, a partir do nada. Sobre a Criação, o *Comentário bíblico africano* diz:

> Ao lermos este relato, devemos observar que cada estágio novo da obra de Deus começa com uma forma da expressão criadora haja (1.3,6,9,14,20,24,26). E cada uma dessas declarações termina com as palavras "e assim se fez" (1.7,9,11,15,24,30). Todas as

ordens de Deus para que algo viesse a existir, como também ordens de reunião e separação, foram cumpridas. Ele tem o poder de criar e o poder de organizar sua criação.[1]

Somente o Criador pode formar algo partindo do nada. Em toda a formação da criação, o relato de Gênesis nos mostra um Deus agindo metodicamente, de modo ordenado e harmonioso.

HARMONIA CRIACIONAL EM *REI LEÃO*

O Criador não apenas fez a criação de modo ordenado e harmonioso, como também fez as coisas criadas para coexistirem de forma harmoniosa. Na criação do Senhor nada é em vão ou sem valor. Em tudo há propósito, significado de existir. Em tudo há utilidade e valor.

Não sei se você já assistiu ao filme *O Rei Leão*, mas, ainda que não tenha assistido, acredito que você conseguirá acompanhar meu raciocínio. Apelarei a este filme para explicar o que quero dizer com "harmonia criacional". Acredito que é um filme bastante rico no aspecto da criação coexistindo de forma organizada e complementar.

O Rei Mufasa ensinou a seu filho, Simba, desde pequeno, preparando-o para assumir o trono após sua morte, que "enquanto outros pensam no que podem ganhar, um verdadeiro rei pensa no que ele pode dar." Esse princípio de altruísmo é um princípio divino. Diz o Santo Livro que melhor é dar que receber (Atos 20.5). E mais: a maior missão de Jesus, segundo ele mesmo, foi a de servir e

---

[1] Tokunboh Adeyemo, *Comentário bíblico africano* (São Paulo: Mundo Cristão, 2016), p. 67.

não de ser servido (Mateus 20.28). Jesus convida todos à caminhada de serviço e autodoação. O princípio do serviço e da abnegação é o que o Rei Mufasa ensinou ao seu filho.

O segundo princípio importante que o Rei Mufasa ensinou a Simba é de que há propósito na vida. O que ele chamava de "o grande ciclo da vida". Ele explicou ao Simba o que significava, dizendo que: "tudo o que você vê coexiste em um delicado equilíbrio [...] você precisa entender esse equilíbrio e respeitar todas as criaturas [...] estamos todos conectados no grande ciclo da vida." Nesse ensino do Rei Mufasa há pelo menos duas lições que podem ser aprendidas. A primeira é sobre o mandato cultural de todo ser humano, e a segunda é sobre a vida em comunidade.

Para entender a primeira lição, olhemos para Gênesis 1.28,29. Nessa passagem, Deus dá o que se chama na teologia de "Mandato Cultural". Esse mandato diz respeito à ordem de cuidar diligentemente de toda a criação, de modo que haja harmonia criacional. É uma ordenança ao cuidado diligente de toda a natureza criada, de modo que haja florescimento.

Quando Mufasa diz que existe um ciclo da vida onde há harmonia e equilíbrio, ele está falando da harmonia criacional. Essa harmonia possibilita o *shalom*. O chamado do Senhor para o cultivo do jardim, o jardim da criação, possibilita a harmonia que leva ao *shalom*. O teólogo e pastor americano Timothy Keller explica:

> Deus criou todas as coisas de modo que tivessem um relacionamento bonito, harmonioso, interdependente, entrelaçado e envolvido. Assim como os elementos físicos bem ajustados formam um cosmo ou uma tapeçaria, a relação bem ajustada dos seres

humanos forma uma comunidade. Esse entrelaçado é o que a Bíblia chama de *Shalom*, ou paz harmoniosa.²

O dr. Eric Mason colabora com a definição de Keller quando diz: "O *shalom* de Deus é a obra divina de Deus de remendar a criação quebrada ao seu propósito e desígnio".³ A harmonia criacional seria quando há um relacionamento frutífero em toda a criação. Isso significaria que os mais fortes cuidam dos mais fracos e há um uso de modo consciente dos recursos do ambiente, sem esgotamento dos recursos. Há um equilíbrio, como se fosse uma bela sinfonia. Cada um com seu tom, com seu tamanho e estrutura, juntos formando um belo e encantador som.

A segunda grande lição que o Rei Mufasa ensina ao Simba é o princípio da comunidade. Quando Mufasa diz que no ciclo da vida todos estão conectados, ele está falando sobre comunhão e comunidade. Em uma vida comunitária, tudo o que fazemos respinga em outros, inevitavelmente. É por isso que deve haver o respeito a todas as criaturas. Se o respeito à vida do outro fosse princípio de nossas vivências, muitas das injustiças já não mais existiriam.

Há ainda duas coisas aqui nesta segunda lição. A primeira é a negação do individualismo, e a segunda é a do não abandono à moralidade e às virtudes comunitárias.

A egolatria, o egocentrismo e o autocentrismo é o *modus operandi* do ser humano, e, portanto, a forma de operação de nossa sociedade, isto é: nossas instituições e nosso sistema de funcionamento

---

²Timothy Keller, *Justiça generosa* (São Paulo: Vida Nova, 2013), p. 179-80.
³Disponível em: https://twitter.com/pastoremase/status/110328815815277-28578.

social-comunitário. E a promulgação de ideais individualistas é destrutiva à vida em comunidade, pelo motivo de que, se eu foco muito em mim mesmo, posso acabar não enxergando o outro (e isso pode acontecer de forma racionalizada ou inconscientemente). O amor excessivo a si mesmo pode levar ao desprezo do outro.

Veja bem que não se trata de deixar de nos valorizarmos e cuidarmos de nós mesmos. Estou falando dos excessos, de quando o nosso ego se torna determinante de como nos relacionamos com o nosso próximo. Há um perigo nos discursos de empoderamento pelo empoderamento, onde a vida gira em torno do nosso umbigo. Para começo de história, já que estamos falando da criação do mundo, é sempre bom nos lembrar de onde viemos e para onde voltaremos: é sempre bom lembrarmos que somos pó (Salmos 103.14-16). Somos frágeis. A outra coisa é que a moralidade e as virtudes não podem — não devem — ser ignoradas quando se trata de vida em comunidade. Como bem disse o Martin Luther King:

> O que precisamos hoje em dia no mundo é de um grupo de homens e mulheres que defendam o que é o certo e se oponham ao que é errado, onde quer que seja. Um grupo de pessoas que tenham percebido que algumas coisas são erradas, ainda que jamais tenham acontecido com elas. Algumas coisas são certas, quer alguém veja vocês fazendo-as ou não. Tudo o que quero dizer é que nosso mundo foi construído sobre alicerces morais. Deus o fez assim! Deus fez o universo baseado numa lei moral... O universo foi construído sobre alicerces morais.[4]

---

[4] Martin Luther King, *A autobiografia de Martin Luther King*, Clayborne Carson, org. (Rio de Janeiro: Zahar, 2014), p. 49.

O mundo foi construído sobre alicerces morais. Tentamos fugir desses alicerces, pois queremos criar leis e princípios que satisfaçam os nossos desejos e prazeres. Achamos brega, ultrapassados e antigos os princípios instauradores do cosmos. Contudo, para que haja uma verdadeira harmonia, é necessário que nos voltemos para os alicerces morais. Por sermos falhos, tudo o que constituímos tem fragilidades e debilidades em alguma instância. O padrão absoluto da moralidade deve ser alguém perfeito que esteja muito além de nós. Esse alguém é Deus.

Se Deus é o padrão moral absoluto e ele sabe como conduzir a sua criação, e se Lewis estiver certo quando disse que "Deus não pode nos dar uma paz e uma felicidade distintas dele mesmo, porque fora dele elas não se encontram. Tal coisa não existe",[5] então não podemos esperar que o culto ao nosso umbigo redundará em paz, tranquilidade e harmonia. A paz, a tranquilidade e a harmonia (*Shalom*) advêm de andarmos de acordo com o que o Criador estabeleceu e não de acordo como que achamos ser melhor — ou não — para nós. Há um padrão moral e este padrão não está em nós mesmos.

Os discursos dos que pregam o autoamor são bonitos demais, o que os torna escorregadios. Não é sempre que se percebe como nosso ego está sendo retroalimentado. Há um foco em si, em sua satisfação, em sua carreira, em seus prazeres, e um discurso utilitarista, que acaba usando outras pessoas (em vez de servi-las) para conquistar as metas. Isso é contra o funcionamento que deveria haver de

---

[5]C. S. Lewis, *Cristianismo puro e simples*, 3. ed. (São Paulo: WMF Martins Fontes, 2009), p. 66.

harmonia. Ajuda mútua e abnegação é o que a vida em comunidade exige. Quem não estiver disposto a fazer sacrifícios não está pronto para uma vida comunitária — vai acabar fazendo bagunça na vida comunitária. O professor Michael Sandel, explicando o que vem a ser o utilitarismo, diz:

> Sua ideia central é formulada de maneira simples e tem apelo intuitivo: o mais elevado objetivo da moral é maximizar a felicidade, assegurando a hegemonia do prazer sobre a dor. De acordo com Benthan, a coisa certa a fazer é aquela que maximizará a utilidade. Como "utilidade" ele define qualquer coisa que produza prazer ou felicidade e que evite a dor ou o sofrimento.[6]

A egolatria nasce do utilitarismo. Usar as pessoas para os nossos objetivos últimos é egoísmo no seu mais puro estado. E achar que somos suficientes em nós mesmos é utópico. Prova disso é que um vírus (organismos unicelulares, pequeníssimos e invisíveis), o coronavírus, dizimou nossa gente. Somos frágeis e passageiros. Todos nós vamos passar. Precisamos encarar a nossa finitude.

A não frequente recordação das virtudes comunitárias pode levar ao fracasso de nossas relações. E não tem como falar da moralidade e do cultivo de virtudes comunitárias se o individualismo é exaltado. O individualismo é justamente a deterioração progressiva da comunidade.

---

[6] Michael J. Sandel, *Justiça: o que é fazer a coisa certa* (Rio de Janeiro: Civilização Brasileira, 2019), p. 48.

DESARRANJO CRIACIONAL

Quando o ego se torna o centro pelo qual nossas ações são desenvolvidas, há um desarranjo criacional que enfraquece a vida comunitária. A harmonia criacional é funcional e boa para o coexistir das criaturas, já o desarranjo criacional é uma perturbação, um distúrbio que impossibilita o florescimento da comunidade. C. S. Lewis explica o problema teológico do egoísmo:

> No momento em que possuímos um ego, temos a possibilidade de nos colocar em primeiro lugar — de querer ser o centro de tudo — de querer, na verdade, ser Deus. Esse foi o pecado de Satanás, e foi esse o pecado que ele ensinou à raça humana. [...] O que satanás colocou na cabeça dos nossos remotos ancestrais foi a ideia de que poderiam 'ser como deuses' — poderiam bastar-se a si mesmos como se fossem seus próprios criadores; poderiam ser senhores de si mesmos e inventar um tipo de felicidade fora e à parte de Deus. Dessa tentativa, que não pode dar certo, vem quase tudo o que chamamos de história humana: o dinheiro, a miséria, a ambição, a guerra, a prostituição, as classes, os impérios, a escravidão — a longa e terrível história da tentativa do homem de descobrir a felicidade em outro que não Deus.[7]

Voltemos ao *Rei Leão*. O irmão do rei Mufasa, o Scar, é o completo retrato de uma pessoa autocentrada e egoísta. Timothy Keller disse que "o ego nunca se sente feliz. Vive chamando a atenção para si".[8]

---

[7] *Cristianismo puro e simples*, p. 66.
[8] Timothy Keller, *Ego transformado: a humildade que brota do evangelho e traz a verdadeira alegria* (São Paulo: Vida Nova, 2014), p. 19.

O Scar vivia rabugento e insatisfeito. Na sua vida mesquinha, se isolava da comunidade. E ainda sentia inveja do trono, da coroa, do seu irmão Mufasa.

Em uma cena impressionante do filme, Scar provocou a agitação e fuga desordenada de animais, uma debandada em direção ao lugar onde o Simba estava. O rei Mufasa heroicamente salva o filho, contudo morre. Nesse ínterim, o Scar põe a culpa no Simba.[9] Simba foge e Scar toma o reino para si. Ok, chegamos aonde eu queria. Na administração de Scar do reino, ocorre uma completa desarmonia criacional. Todos os recursos do reino são sugados e destruídos. O lindo reino foi devastado e exaurido.

É verdade que na ordem do Senhor há um chamado ao domínio da criação (Gênesis 1.28). Mas esse domínio é cuidadoso com a criação, como antes vimos, e não um domínio maldoso que torne escassos os recursos da terra. Todo governo e gerência que não se preocupa com a sustentabilidade, com o meio ambiente, está indo contra o que o Senhor instituiu em sua palavra de cuidado diligente com a natureza criada.

A vida autocentrada do Scar o levou à amargura. Seu ego o escravizou ao ponto de ele provocar a morte de seu próprio irmão a fim de conquistar o que ele sempre cobiçou, o reino. Deus fez o mundo perfeito (harmonia criacional), mas o pecado (egolatria, indiferença, rebeldia e toda sorte de males) fez com que a bela criação se tornasse feia e desajustada. Agora, a criação geme com dores de parto esperando o momento no qual poderá ser restaurada (Romanos 8.22).

---

[9]Não vou explicar como o Scar elaborou esse plano maligno, seria dar *spoilers* demais. A questão é que seu plano funcionou.

A DOUTRINA DA *IMAGO DEI* (CRIAÇÃO)

Até agora, falei da criação como um todo, mas quero me deter no ser humano e em nossas relações uns com os outros agora. O Senhor Criador fez, na criação, os seres humanos com suas diferenças para mostrar a sua glória de muitas formas, a graça criativa de Deus. Todavia, o problema é que o pecado destruiu tudo e, em vez de as diferenças serem apreciadas, elas são depreciadas e causam estranhamento e afastamento. Acontece também com as diferenças entre as etnias.

O pecado, ao invadir o coração humano, faz com que o homem se orgulhe de si e suas conquistas. E o orgulho causa a supervalorização do que é seu, em detrimento do que é do outro. Não deveria ser assim. Barbara Burns e outros atores no livro *Costumes e culturas* falam que:

> Em todas as partes do mundo, as pessoas reconhecem a existência do "meu grupo" (o grupo com o qual elas se identificam) e o "outro grupo" (todos os demais grupos). A existência e a determinação de uma consciência de que pertenço a um "meu grupo" fazem parte da força psicológica de que se necessita para ser membro de uma comunidade. A hostilidade que frequentemente faz parte do conceito que formamos do "outro grupo" serve para fortalecer os sentimentos de solidariedade do "meu grupo", que se considera superior àquele.[10]

Contudo, a doutrina da *imago Dei* expõe que, na Criação, Deus faz todas as coisas "segundo a sua espécie", apenas o ser humano foi

---
[10] Barbara Burns; Decio de Azevedo; Paulo B. Carminati, *Costumes e culturas* (São Paulo: Vida Nova, 1995), p. 15.

feito "à sua imagem e semelhança". Segundo o professor de Teologia Sistemática, Mark Ross, *imago Dei* seria que:

> o homem é criado conforme a "espécie" de Deus, criado à imagem de Deus (*imago Dei*). O homem, assim como Deus, é um ser pessoal [...]. Mas o que é mais importante sobre a pessoa humana é a sua semelhança com Deus. Essa semelhança é tão especial que os diferencia de todas as outras criaturas que Deus fez.[11]

O professor Michael Sandel, citando Immanuel Kant (1724-1804), diz que nós, seres humanos, somos seres racionais, merecedores de dignidade e respeito. Portanto, a doutrina da *imago Dei* encontra respaldo puramente bíblico e também encontra respaldo na Filosofia Moral. E também no Direito, já que a doutrina base para os direitos dos seres humanos é o valor intrínseco que todo ser humano possui, "a dignidade inerente a todos os membros da família humana", nas palavras da Declaração Universal dos Direitos Humanos.[12]

A doutrina da *imago Dei* é, portanto, a fundamentação para a luta contra todo tipo de injustiça que acontece aos seres humanos. A lógica é muito simples: devemos condenar o machismo, pois tira a dignidade da mulher, ferindo a imagem e semelhança de Deus. Devemos também condenar a pobreza, pois tira a dignidade do sujeito, ferindo a imagem e semelhança de Deus. Precisamos condenar o racismo, pois tira a dignidade do indivíduo, ferindo a imagem e semelhança de Deus. E assim por diante.

---

[11]Disponível em: https://ministeriofiel.com.br/artigos/imago-dei/.
[12]Disponível em: https://www.unicef.org/brazil/declaracao-universal-dos-direitos-humanos.

Portanto, a doutrina da *imago Dei* é a doutrina base para compreendermos que cada ser humano, por ser imagem e semelhança de Deus, possui valor e dignidade. Deus criou cada ser humano de forma singular e deu a todos valor e dignidade. Devemos, portanto, silenciar nossos preconceitos e dar o devido respeito que cada ser humano merece, por causa de ser imagem e semelhança de Deus. Devemos procurar uma unidade com a valorização de nossas diferenças (particularidades), pois em nossas diferenças ele também é glorificado.

O doutor Anthony Bradley, sobre a relação da doutrina da *imago Dei* com o racismo, diz que:

> Vidas negras nunca terão importância, a menos que o pressuposto final para a dignidade humana seja a *imago Dei*. Quanto mais dependemos de políticas públicas para fazer o trabalho pesado do Reino, mais vamos transformar os políticos em figuras messiânicas, acreditar que o governo é o problema e a solução e, por extensão, esquecer que uma sociedade verdadeiramente virtuosa é impossível sem o evangelho.[13]

É a doutrina da *imago Dei* a base para lutarmos pela justiça racial, e não ideologias políticas. Consoante ao Bradley, o pastor Martin Luther King, em sua pregação "O sonho da América", também falou da *imago Dei*, dizendo:

> Veja, os pais fundadores foram realmente influenciados pela Bíblia. Todo o conceito da Imago Dei, conforme é expresso em

---

[13] Disponível em: https://world.wng.org/2016/10/politics_alone_cannot_transform_america.

latim, a "imagem de Deus", é a ideia de que todos os homens têm algo dentro deles que Deus injetou. Não que eles tenham uma unidade substancial com Deus, mas que todo homem tem a capacidade de ter comunhão com Deus. E isso dá a ele uma singularidade, isso lhe dá valor, isso lhe dá dignidade. E nunca devemos esquecer isso como nação: não há gradações à imagem de Deus. Todo homem, de um branco agudo a um negro grave, é significativo no teclado de Deus, justamente porque todo homem é feito à imagem de Deus. Um dia aprenderemos isso. (Sim) Saberemos um dia que Deus nos fez para vivermos juntos como irmãos e respeitarmos a dignidade e o valor de cada homem.[14]

Em razão do valor e da dignidade de todas as pessoas pelo fato de serem imagem de Deus, é que o cristão genuíno tem o dever moral de lutar contra as injustiças presentes que deturpam o valor do outro.

HAKUNA MATATA

Simba havia aprendido com seu pai, o rei Mufasa, que há um grande ciclo na vida, onde todas as coisas se equilibram dando assim harmonia ao cosmos. Porém, por diversos problemas na peregrinação, Simba acabou fugindo de sua casa e conheceu novos amigos, o Timão e o Pumba. Esses novos amigos, logo de início, ensinaram uma música ao Simba. A música se chamava *Hakuna Matata*, que, segundo Pumba, significa "sem preocupação". A canção diz assim:

---

[14]Disponível em: https://kinginstitute.stanford.edu/king-papers/documents/american-dream-sermon-delivered-ebenezer-baptist-church.

[**Timão**] *Hakuna matata*! É lindo dizer!
[**Pumba**] *Hakuna matata*! Sim, vai entender!
[**Timão**] Os seus problemas você deve esquecer!
[**Timão e Pumba**] Isso é viver, é aprender!
[**Timão**] *Hakuna matata*!

Mesmo que você não tenha assistido ao *Rei Leão*, é muito provável que você já tenha escutado essa música uma vezinha na sua vida (eu aposto, na verdade! Se você for geração *cringe* ou não, você deve conhecer essa canção). Ela é envolvente e a cantarolamos a plenos pulmões. Acontece que essa música é um grande chamado ao niilismo e hedonismo. É um verdadeiro convite ao ceticismo.

Não há sentido, não há propósito na vida. Segundo Timão e Pumba, não existe ciclo da vida, contrariando o que o rei Mufasa havia ensinado ao Simba, dizendo que, na verdade, é uma linha da vida. "Uma linha de indiferença sem sentido", nas palavras do Timão. Segundo Pumba, estamos caminhando para o fim da linha e assim acaba a vida. Não há nada de especial no viver. Apenas viva despreocupado. "Sem regras e sem responsabilidade", como disse o Timão. *Hakuna Matata*.

Enquanto a Bíblia nos diz que há um ciclo na vida, uma harmonia e mandato criacional, a sociedade que rejeitou o governo do Senhor nos diz "Hakuna Matata!". Gosto do que a Kathy Keller diz em seu livro *Jesus, justiça e papéis de gênero*, quando fala que "ter uma mente aberta não significa tê-la aberta a todas as conclusões. Quando a melhor hipótese é apresentada, ela é reconhecida e adotada, embora mantida com humildade e disposição, a fim de ser reconsiderada caso novos entendimentos sejam expostos".[15] Quanto ao sentido da vida, portanto, devemos analisar qual deve ser a melhor hipótese.

Será que somos um amontoado de átomos? Que não há um propósito em nossa vida? Que no fim de nossa existência há nada? Que não há uma verdade absoluta e, portanto, tanto faz o que fazemos ou deixamos de fazer? Será que na vida humana não há dignidade, sentido e que devemos agir diariamente com total indiferença aos acontecimentos?

A filosofia "Hakuna Matata" me recorda a música *Ideologia*, do Cazuza, em que o autor diz: "Meu partido é um coração partido. E as ilusões estão todas perdidas. Os meus sonhos foram todos vendidos tão barato que eu nem acredito". O niilismo rouba todo o sentido, toda a expressão que há do viver. Os sonhos são esvaídos e as ilusões tomam conta. Deve ser triste viver assim. A vida "Hakuna Matata" deve ser frustrante, cansativa e deprimente.

Disse Francis Schaeffer que "todos os homens têm um profundo desejo por significado, e continua dizendo que "para o homem com uma psicose básica: nenhum homem, independente do seu sistema teórico, está contente em olhar para si mesmo como uma máquina finalmente inexpressiva que pode e será totalmente e para sempre descartada".[16] Ou seja, por mais que se grite exteriormente que "não há sentido na vida", interiormente, todos sabemos que "tudo isso não é em vão. Não pode ser". Há propósito. Se você procurar, encontrará.

---

[15]Kathy Keller, *Jesus, justiça e papéis de gênero* (Rio de Janeiro: Thomas Nelson, 2019), p. 52.
[16]Francis A. Schaeffer, *Morte na cidade*, 2. ed. (São Paulo: Cultura Cristã, 2018), p. 66.

Viver o "Hakuna Matata" é viver sem propósito, sem uma missão. E, falando em aspectos comunitários, é do modo "Hakuna Matata" que muitas das vezes nós, como igreja, vivemos. Esquecemo-nos de nos conectar plena e completamente com a realidade do mundo, vivendo a realidade paralela de uma teologia templista. O mundo clama! Há problemas a serem resolvidos. E grande parte das vezes nos fazemos de surdos, cruzamos os braços e confortavelmente nos negamos a sair de nossos templos confortáveis. O individualismo também domina nossas igrejas. Nisso, esquecemos do chamado do Senhor: sermos sal e luz na sociedade (Mateus 5.13-16).

King disse que "a vida é, na melhor das hipóteses, um grande triângulo. Num dos ângulos está o indivíduo, no outro as outras pessoas, e lá no alto se encontra Deus. A menos que os três estejam concatenados, funcionando em conjunto, harmoniosamente, numa única vida, essa vida está incompleta".[17] A igreja, que é uma comunidade, deve existir para a glória de Deus e para o bem comum, para o serviço ao outro e não para a egolatria e para o conforto. A grande questão é se vamos de fato ser *ecclesia* (chamados para fora) ou se continuaremos em letargia e indiferença. A grande questão é se seremos como rei Mufasa ou se seremos Scar. Viveremos para a harmonia criacional ou nos esbanjaremos em egolatria que nos levará à indiferença à condição do próximo culminando na deterioração comunitária?

---

[17] Martin Luther King, *A autobiografia de Martin Luther King*, Clayborne Carson, org. (Rio de Janeiro: Zahar, 2014), p. 62.

CAPÍTULO 2
ESCRAVIDÃO E SEU LEGADO

> Visto como se não executa logo a sentença
> sobre a má obra, o coração dos filhos dos homens
> está inteiramente disposto a praticar o mal.
> ECLESIASTES 8.11

No início do século 16 era implantada a escravidão no Brasil, uma prática que durou 353 anos. A abolição da escravatura foi em 13 de maio de 1888. Segundo o historiador e economista Argemiro Brum, "o Brasil foi o país do mundo em que aconteceu o mais amplo e prolongado processo de escravidão nos tempos modernos".[1]

Além da escravização dos povos nativos (os indígenas), também foram trazidos do continente africano entre 4 e 5 milhões de negros, enquanto nos Estados Unidos, por exemplo, foram levados cerca de 400 mil africanos escravizados, e para as demais colônias da América (espanhola, francesa ou holandesa) foi levado menor número de escravizados africanos do que no Brasil.[2]

---

[1]Argemiro J. Brum, *O desenvolvimento econômico brasileiro*, 19. ed. (Rio de Janeiro: Vozes, 1998), p. 45.

[2]Claro que o processo de segregação racial tem valor significativo para a extensão do racismo nos Estados Unidos. Processo esse que não ocorreu no Brasil, pelo menos não de forma escancarada. Mas também, se o processo de escravidão tem legado de estigma de como se percebe os negros, esses dados que o Argemiro Brum traz são importantes. O Brasil teve um período enorme no qual a funcionalidade de tratamento ao negro era como a de animais. Alguns dizem que o Brasil não é um país racista, mas o Brasil é um país racista desde sua concepção como nação.

COMÉRCIO TRANSATLÂNTICO DE ESCRAVOS - BASE DE DADOS

	ESCRAVOS	VIAGENS	MÉDIA	DESVIO
Escravos embarcados	10666367	34480	309.3	154.8
Escravos desembarcados	9203719	34185	269.2	137.3
Escravos mortos durante a viagem		6481	12.2%	14.9%
Duração da viagem média* em dias		7315	60.4	33.1
Porcentagem de homens		3941	64.5%	12.2%
Porcentagem de crianças		4205	21.5%	16.6%
Capacidade da embarcação (ton.)		17670	157.8	113.8

Fonte: https://www.slavevoyages.org/voyage/database#statistics

*"Viagem média" ou "viagem do meio" faz referência à jornada dos escravos da África para as Américas.

O memorial virtual *Slave Voyages* é um banco de dados com informações — que são sempre atualizadas — sobre o período da escravatura. Essa tabela demonstra o número de viagens feitas no Atlântico no período entre 1514 e 1866. Esses dados são bastante importantes. O mais curioso — além de haver uma porcentagem considerável de crianças feitas escravas — é o fato de que havia muitas mortes nessas viagens. Segundo os dados, havia uma porcentagem de 12,2% de mortes. Há duas coisas aqui: o descaso humanitário,[3] e a perda de investimentos, já que os traficantes de escravos viam os escravizados como mercadoria.

O jornalista Laurentino Gomes, no primeiro volume de sua trilogia sobre a escravidão no Brasil, faz a seguinte afirmação a respeito do período de cativeiro dos povos africanos:

---

[3] Há um adendo a ser feito aqui. O "descaso humanitário", como termo, tem a ver com a maneira como nós, no século 21, após promulgação dos direitos humanos, podemos observar essas situações. Não é necessário, mas ainda assim prefiro esclarecer e reafirmar que esses conceitos não existiam no período da escravidão.

A história da escravidão africana no Brasil é repleta de dor e sofrimento. Centenas de livros já foram escritos sobre o tema, mas, provavelmente, nenhum deles conseguirá jamais expressar as aflições de um único cativo dos milhões capturados na África, embarcados à força em um navio, arrematados como mercadoria qualquer num leilão do outro lado do oceano, numa terra que lhes era completamente estranha e hostil, onde trabalhariam pelo resto de suas vidas sob o chicote e o tacão de seu senhor. Um detalhe, porém, talvez ajude os leitores de hoje a ter uma ideia, ainda que remota, do tamanho dessa tragédia: diz respeito ao comportamento dos tubarões que seguiam as rotas dos navios negreiros.[4]

Sobre o descaso humanitário, a morte nos navios era tamanha que até a ordem natural das coisas, o caminho dos tubarões, foi alterado. As causas das mortes eram diversas, desde as condições anti-higiênicas dos navios negreiros — os escravizados adoeciam de disenteria, febre amarela, varíola... — ao frequente suicídio dos escravos.[5] Como dito anteriormente, os cadáveres eram atirados ao mar em um ritual diário[6] e serviam aos tubarões de alimento. Não havia respeito nenhum pela vida.[7] Mesmo porque a linguagem usada no período da escravidão era

---

[4]Laurentino Gomes, *Escravidão*, vol. 1 (Rio de Janeiro: Globo Livros, 2019), p. 47.
[5]Ibid., p. 48.
[6]Ibid., p. 49.
[7]No próximo capítulo falaremos sobre a participação da igreja nesse processo todo. E a igreja foi ativa na escravidão, não para combater, mas para se beneficiar. No capítulo anterior, conversamos que a imagem e semelhança de Deus está em todos os homens. O texto de Gênesis 1.26-28 não surgiu nos tempos modernos nas Escrituras, sempre existiu. Encarar o fato de que os negros africanos foram desumanizados com participação direta da igreja é (ou deveria ser) de arrepiar, de forma medonha, até os menos sensíveis.

a de que os escravizados eram "peças". As pessoas eram tidas como mercadorias, eram tributadas e contabilizadas.⁸ Dessa forma, se eram mercadoria, não eram (obviamente) consideradas seres humanos, tranquilo, então, descartar da forma como se bem entende ou da forma como era viável, sem maiores preocupações.⁹

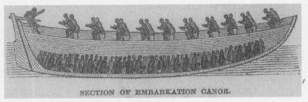

Fonte: https://www.slavevoyages.org/resources/images/category/Vessels/2

Para melhor visualizar a condição dos escravizados a bordo, essa imagem é de 1849 e demonstra como os escravizados ficavam nestes navios negreiros. Embaixo do navio, todos juntos, sem maiores cuidados, o que revela a mentalidade da época na qual os escravos eram vistos mesmo como mercadoria. Como a mercadoria se empilha e se leva ao destino, perceba também que era deste mesmo modo que os escravizados eram tratados. Arrancavam-se esses escravizados da costa ocidental dos países africanos e "de acordo com o *The Illustrated London News*, durante a década de 1840, em Serra Leoa, essas canoas podiam transportar 200 escravos em seu fundo", de acordo com o *Slave Voyages*. O objetivo era nada mais nada menos que o lucro.

O tráfico negreiro era uma das maiores fontes de lucro da época, um negócio que de fato era frutífero, apesar de arriscado — por

---

⁸Marcílio N. Lemos; Bento A. A. J. F. Curado; Lúcio de S. Machado, *Tributação de escravos (peças) na Capitania e Província de Goyaz (1727- 1888)*, RAGC, vol. 8, n. 37, p. 54-78 (2020).
⁹A linguagem utilitarista não é a linguagem de Jesus.

causa das mortes de escravos que geravam perda de "mercadorias". "Para uma profícua consecução dos negócios era importante que o escravo estivesse em bom estado, caso contrário, a concretização da venda poderia se arrastar por dias, quiçá meses, corroendo a margem de lucro dos comerciantes".[10] Era importante que a quantidade de lote pedido chegasse ao cais aqui da costa do Atlântico.

No Brasil, o processo da escravidão foi muito longo por várias razões. Mas a principal é que o tráfico negreiro era extremamente rentável à época. A rentabilidade média do tráfico negreiro ficava em torno de 20%, e era a maior do mundo. Um dos maiores produtores de café do mundo era o Brasil, contudo a fazenda de café rendia 15% no máximo.[11] Portanto, o colonialismo "valia a pena". O sucesso da economia brasileira era dependente da escravatura.

Enquanto escravizados, esses indivíduos não eram considerados juridicamente como pessoas, mas sim como coisa ou mercadoria, como dito anteriormente, ou mesmo como animais. Observe-se alguns anúncios da época da escravatura para venda, compra e aluguel de escravos:

ESCRAVA
VENDE-SE uma, mulata de 38 annos, com um filho de 3 annos de cor clara e compra-se um negrinha de 10 a 12 annos. Para tratar á rua Quitanda n. 20.
3—3

Fonte: https://www.geledes.org.br/anuncios-de-escravos-os-classificados-da-epoca/

---

[10] Alexandre V. Ribeiro, *A contabilidade do tráfico de escravos: o caixa do rei Kosoko de Onim*, Anais do XV encontro regional de história da ANPUH-Rio (2012).

[11] Argemiro J. Brum, *O desenvolvimento econômico brasileiro*, 19. ed. (Rio de Janeiro: Vozes, 1998), p. 148.

O ESTIGMA DA COR

PRECISA-SE

alugar uma criada que saiba cosinhar e fazer os arranjos de uma casa de familia, e um moleque para recados, na rua da Princeza n. 1. 3—1

Fonte: https://saopauloantiga.com.br/anuncios-de-escravos/

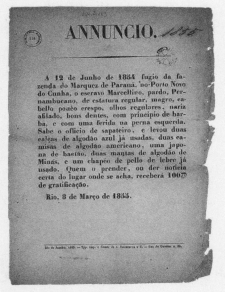

Fonte: http://objdigital.bn.br/acervo_digital/div_obrasraras/or102_5_183.jpg

Ao observar esses fatos históricos, ficamos estarrecidos, e não é pra menos. Seres humanos foram forçados a sair de suas comunidades, de seu país e de seu vínculo familiar para serem tratados como animais do outro lado do oceano.

É verdade que a escravidão sempre existiu. Em tempos passados, não havia os direitos humanos, e as bases das relações sociais era de que o mais forte, o que tivesse mais influência e poder social e econômico, deveria tirar vantagem daquele que não podia se defender. A moralidade e a dignidade humana não eram respeitadas, o que se observava diretamente era a questão de simplesmente refletir, a partir do que o Tim Keller chama, no seu livro *Justiça generosa*, as "instituições naturais", ou seja, o forte contra o fraco. Contudo, a diferença é que "a escravidão nem sempre foi ligada a uma raça ou uma cor de pele".[12]

Houve algo de diferente na escravidão africana. "Para que a escravidão desse certo e tivesse aceitação, ela precisava ter um respaldo moral, uma justificativa para que aqueles que usufruíam dos escravos pudessem fazê-lo de forma tranquila".[13] Observar os detalhes de como a escravização negra ocorreu e como isso reverbera ainda na sociedade brasileira, por causa da falta da total integralização dos negros, é muito importante ao debate sobre racismo e justiça racial.

PRECISAMOS DE UMA SEGUNDA ABOLIÇÃO?

Laurentino Gomes, jornalista e escritor, autor dos clássicos *1808*, *1822* e *1889*, em um de seus livros mais recentes, tratou sobre a escravidão e o legado dela na sociedade brasileira. Laurentino costuma produzir sínteses de estudos sobre a escravidão e a condição social do negro na sociedade brasileira. "Se você quiser entender o Brasil em uma dimensão mais profunda, precisa estudar a escravidão. Tudo que fomos no passado, o que somos hoje e que nós

---

[12] Laurentino Gomes, *Escravidão*, vol. 1 (Rio de Janeiro: Globo Livros, 2019), p. 66.

[13] Ale Santos, *Rastros de resistência: histórias de luta e liberdade do povo negro* (São Paulo: Panda Books, 2019), p. 17.

gostaríamos de ser no futuro tem a ver com a escravidão", disse em uma entrevista ao jornal *El País*. E por causa do legado da escravidão na sociedade brasileira, o autor defende que o Brasil precisa de uma nova abolição, pois a condição social do negro ainda permanece em subalternidade. Nas palavras dele, o Brasil precisa de uma nova abolição, "já que a maioria da população pobre é negra, sem acesso à educação, saúde e empregos decentes."[14]

É preciso admitir, com honestidade, que ainda temos legado da escravidão no Brasil. Ainda hoje, negros, descendentes dos ex-escravizados, chamados de africanos em diáspora, vivem em condições de subalternidade. São problemas antigos que não receberam a devida atenção e o cuidado, pública e particularmente, individual e coletivamente, e por isso permanecem.

> No Brasil, o racismo individual e institucional tem operado para manutenção das desigualdades raciais; diversos estudos apontam que negros quando comparados aos brancos são a maioria entre aqueles explorados no trabalho infantil, entre as pessoas desempregadas ou subempregadas, entre os analfabetos e os analfabetos funcionais. As pessoas negras são também a maioria entre os mais pobres.[15]

Essas condições são decorrentes de uma má gestão de inclusão e, proativamente, é em decorrência também de algumas políticas

---

[14]Disponível em: https://brasil.elpais.com/brasil/2019/11/19/politica/157-4203693_074968.html.
[15]Emanuel F. Lima; Fernanda F. Santos; Henry A. Y. Nakashima; Losandro A. Tedeshi, *Ensaios sobre racismos* (São Paulo: Balão Editorial, 2019), e-book.

de exclusão dos negros após a libertação da escravatura. A grande questão é: como vamos resolver isso? O sistema colonial ainda é vigente, o que fazer?

POLÍTICAS DE REPARAÇÃO?

Há os que se opõem a políticas públicas intervencionistas. A teoria libertária, segundo o professor Michael Sandel, defende o Estado mínimo, que vem a ser um governo "que faça cumprir contratos, proteja a propriedade privada contra roubos e mantenha a paz".[16] Robert Nozick, autor do livro *Anarchy, state, and utopia* traz algumas definições principiológicas da ideologia libertária. Sandel, ao citá-lo, diz que Robert defendia que:

> Se pudéssemos provar que aqueles que estão agora no topo da pirâmide são beneficiários de injustiças passadas — como a escravidão de negros ou a expropriação de índios —, seria então o caso, segundo Nozick, de corrigir a injustiça por meio de taxações, reparações ou outros meios. Mas é importante notar que tais medidas têm como objetivo corrigir erros do passado, não resolver a questão da equidade em si.[17]

Isso porque, para Nozick, "não há nada de errado na desigualdade econômica". A ideia libertária, levada ao extremo, desconsidera as necessidades básicas e se concentra somente no livre mercado. Há

---

[16] Michael J. Sandel, *Justiça: o que é fazer a coisa certa* (Rio de Janeiro: Civilização Brasileira, 2019), p. 79.
[17] Ibid., p. 82.

uma desconfiança dos estudos e estatísticas que revelam o impacto da escravidão ainda nos períodos atuais.

Apesar dos libertários radicais, há o libertário social. Irapuã Santana, que defende o liberalismo social, no seu e-book *Dia 13 de maio: a maior fake news de nossa história*, desenvolvido pelo Livres, uma associação civil suprapartidária, traz dados e estatísticas demonstrando que existe, sim, um problema inacabado do período da escravatura que reflete nas desigualdades sociais presentes. Sim, dá para ser liberal e humano.[18] Dá para ser liberal e ver a importância dos trabalhos que pesquisam as relações entre a escravidão e a abolição inacabada.

Quanto às resoluções dos problemas socioeconômicos da condição dos negros no Brasil, percebemos que foi o Estado brasileiro que arrancou os africanos de seus locais de origem. Pergunta simples e básica: se foi o Estado brasileiro que desumanizou os negros africanos, a partir das leis de tributação e a partir da abertura para os negócios do tráfico negreiro, e isso resultou nas condições de subalternidade de seus descendentes, por que o Estado brasileiro não deve ser responsável por reintegrar de modo total esses descendentes de ex-escravizados na sociedade brasileira? Isso não é "mamata", isso é responsabilização! Além do mais, faz parte dos deveres do Estado a proteção de seus cidadãos e a garantia de que vivam de modo digno.

A reparação, como princípio e não exatamente como alguma política pública em específico, é bíblica, como diz o pastor Thabiti Anyabwile. A reparação é definida em termos históricos:

---

[18] Aos mais sensíveis, me perdoem a provocação.

Como podemos definir "reparações" em princípio? Eu definiria as reparações como "reembolso material e social feito como reconhecimento e restituição por uma parte ofensora a uma parte prejudicada por mal(es) cometido(s) a fim de reparar os ferimentos, perdas e/ou desvantagens causadas pelo mal".[19]

Thabiti continua dizendo que "as reparações são simplesmente o princípio bíblico de restituição ensinado em todas as Escrituras, aplicado à história específica da escravidão e dos descendentes de escravos na América. O princípio é sólido. Os programas e políticas requerem debate." Ele demonstra o princípio ao explicar textos bíblicos como Êxodo 21 e 22; Levítico 5 e Lucas 19.1-10. Portanto, é o princípio indenizatório. Além de ser jurídico, um direito, é também princípio bíblico.

As discussões de como essas reparações devem ser feitas e quais políticas públicas devem ser implantadas é outra coisa. A forma de se dar essas reparações pode ser discutida, contudo elas não devem deixar de ocorrer. Até que haja uma sociedade igualitária, isto é, que as desigualdades não sejam um empecilho para as oportunidades da vida, precisa-se falar da necessidade das políticas públicas de intervenção. Não tem como falar de meritocracia em um país desigual. Melhor dizendo: não existe meritocracia em país desigual.

RACISMO REVERSO

Há outro ponto importante a ser tratado aqui ainda neste capítulo: o racismo reverso. Essa é uma discussão frequente, seja nas redes

---

[19] Disponível em: https://www.thegospelcoalition.org/blogs/thabiti-anyabwile/reparations-are-biblical/.

sociais, seja nas conversas pessoais. E acho que essa discussão é bem acalorada, porque as pessoas partem de definições diferentes do que seja o racismo. Algumas pessoas olham o racismo num aspecto somente individual, e outras olham o racismo num aspecto individual-sistemático.

Os que dizem que o racismo reverso não existe partem da ideia do racismo como racismo institucionalizado, racismo sistemático (ou ainda racismo estrutural). Então, a partir desse pressuposto entende-se que, por causa das raízes da escravidão, existe um sistema que coloca as pessoas negras em subalternidade. O teólogo americano Esau McCaulley diz:

> O racismo sistêmico é uma abreviatura para toda uma massa de injustiças reais vividas todos os dias pela multidão de negros e pardos. Não estamos falando de um conceito abstrato, mas de experiências de pessoas reais apoiadas por uma montanha de dados. Negar o racismo sistêmico é acusar um punhado de pessoas (incluindo a maioria dos cristãos de cor) de uma ilusão em massa.[20]

Esau McCaulley prossegue e diz: "teologicamente, o racismo sistêmico é simplesmente a crença de que pessoas decaídas criam sistemas decaídos. É a afirmação de que o impacto da Queda se estende além das pessoas que alcançam os mundos que criamos. Não é apenas teologicamente viável, é provável."[21] Ou seja, teológica e

---

[20]Disponível em: https://twitter.com/esaumccaulley/status/1398657090349154304.

[21]Disponível em: https://twitter.com/esaumccaulley/status/1398691331485147137.

socialmente falando, há sustentação para se crer que há um sistema vil que coloca os negros em subalternidade. Há como perceber que um governo imoral pode utilizar-se de seu poderio para excluir determinados grupos.

Então, nesse sentido, racismo se dá de modo individual (falha de caráter) e sistemático, ao mesmo tempo. Não existiria um racismo reverso, ou seja, não existiria um sistema (ou estrutura) que colocasse as pessoas brancas em subalternidade na sociedade brasileira, e nem em qualquer outra parte do mundo. Então, observando a partir desse racismo individual-coletivo, não existe o racismo reverso.

Já as pessoas que respondem dizendo que o racismo reverso existe partem da visão somente individual do racismo. Ou seja, eles entendem o racismo como preconceito e discriminação de cor. A ideia aqui é num caráter somente moral. Então, nesse sentido, essas pessoas defendem que o negro também pode ter esse vício moral com relação a outras pessoas, afinal, a falha moral está no coração de todo ser humano.

Então, percebemos que esses dois grupos — dos que dizem que existe o racismo reverso e os que dizem que não existe tal coisa — embora estejam falando de "racismo", eles não estão partindo do mesmo pressuposto do significado do que vem a ser racismo. Então, nesse sentido, eles não têm realmente como conversar. As discussões são longas e enfadonhas.

Em minha visão, o racismo se dá de modo individual e sistemático, ao mesmo tempo. Tentei demonstrar como o legado da escravidão reafirma a discriminação de cor e o racismo — lembre-se que a escravidão sempre existiu, mas somente a escravidão africana teve como base o elemento de cor. Nesse sentido amplo, não existe racismo reverso, pois não existe um sistema que oprime o branco pelo fato de ser branco. Os brancos não foram escravizados e subjugados da forma que os negros foram. As pessoas brancas não foram e não são "minorizadas", num sentido de representatividade, num sentido de educação, saneamento básico e empregos bons...

São duas coisas:

1. Acredito que o preconceito e a discriminação não são unilaterais, mas se manifestam de ambos os lados. Ou seja, negros podem ser, sim, preconceituosos contra brancos e até vir a discriminá-los.
2. Ainda assim, quero reafirmar que os negros não dispõem de poderio para oprimir os brancos.

A IDOLATRIA ÉTNICA

Para melhor esclarecimento, vou me apropriar da definição de racismo proposta pelo historiador Jemar Tisby: racismo é "um sistema de opressão baseado na raça".[22] Ainda segundo esse historiador, "o racismo usa uma série de táticas para enganar, denegrir e desumanizar os outros". Outra definição, mais ao aspecto individual do racismo, é:

> o racismo, enquanto doutrina, se materializa como aversão, ódio, desprezo e consequentemente o não reconhecimento da humanidade, sobretudo, de pessoas cujo pertencimento racial se distancia da matriz branca europeia. Assim, aos negros, indígenas

---
[22] Jemar Tisby, *How to fight racism* (Zondervan: 2021), e-book.

e a alguns grupos étnicos asiáticos são atribuídas características como inferioridade moral, intelectual, cultural e psíquica.[23]

O conceito de justiça, biblicamente falando, não é um conceito reducionista como os espectros políticos nos tentam passar. O conceito de justiça é amplo. A definição que Michael J. Sandel traz em seu livro *Justiça* poderia ser a mais equilibrada para entendermos do que Deus fala quando diz que pratica a justiça. De acordo com Sandel, a justiça tem a ver com: aumentar o bem-estar, respeitar a liberdade e promover a virtude.[24] O racismo, em contrapartida, é uma falha moral que corrompe as três esferas da justiça.

O racista não age em favor do bem-estar social, pelo contrário. Em termos bíblicos, o orgulho étnico-racial hierarquiza as pessoas, de modo que uns são qualificados como melhor que outros, e, oferece tratamentos desiguais, beneficiando a uns e desamparando outros. Não há equidade, tampouco igualdade. O racista não respeita a liberdade individual, pelo contrário. O orgulho étnico racial sobrepuja a liberdade do indivíduo, desrespeitando os direitos de uns e concedendo, sistematicamente inclusive, privilégios em relação a outros. Não há o respeito aos direitos do que se considera como inferior. O racista não promove a virtude, pelo contrário. Por virtude, se tem a visão filosófica de prática de atos justos. Logo se torna perceptível saber como o racismo vai de encontro às virtudes éticas. O racista age em benefício próprio somente.

---

[23]*Ensaios sobre racismos*, e-book.
[24]*Justiça*, p. 14.

O racismo advém de uma idolatria étnico-racial. A idolatria étnico-racial — racismo — é uma das formas mais ridículas de colocar o Criador no banco dos réus, a fim de julgar sua graça criativa e, por fim, declará-lo culpado, escarnecendo assim da sua imagem e semelhança. Todo pecado é contra Deus primeiramente. O racista está pecando contra Deus primeiramente. O racista profana a justiça e os desígnios comunitários ordenados por Deus. O racismo perverte a justiça e a verdade. Há peso nessas palavras e se elas forem verdadeiras, a mensagem do Senhor é única: "Não terás outros deuses além de mim" (Êxodo 20.3).

Lewis disse: "É por causa do orgulho que o diabo se tornou o que é. O orgulho leva a todos os outros vícios; é o estado mental mais oposto a Deus que existe."[25] O racismo é diabólico em sua essência. Tudo o que causa divisão é próprio do reino das trevas. É por isso que, se queremos militar pela causa do evangelho (2Timóteo 2.4,5; 1Timóteo 6.12), é necessário observarmos as questões espirituais que existem nesses assuntos que causam divisão e ódio. Racismo, discriminação e preconceitos são temas que merecem uma atenção especial daqueles que se preocupam com a unidade do corpo de Cristo.

Neste capítulo vimos o *modus operandi* da escravidão africana e como a abolição da escravatura não destruiu completamente o legado escravagista. Na escravidão, cada chicotada dizia ao negro: "você é indigno". O racismo e a injúria racial continuam dizendo ao negro: "você é indigno".

---

[25] C. S. Lewis, *Cristianismo puro e simples*, 3. ed. (São Paulo: WMF Martins Fontes, 2009), p. 162.

A abolição da escravatura não garante o fim do racismo, e a criminalização do racismo não destrói a sua existência e prática. Muitos deixam de praticar o racismo e a injúria racial de forma explícita por medo das consequências punitivas da lei e não necessariamente por não existir racismo em seus corações. Se a moralidade conta — e ela conta — temos um vício moral terrível a combater.

CAPÍTULO 3

A COLONIZAÇÃO E A IGREJA

> Procura apresentar-te a Deus aprovado, como obreiro que não tem de que se envergonhar, que maneja bem a palavra da verdade.
>
> **2TIMÓTEO 2:15**

Volta e meia surgem debates sobre as missões cristãs. Parece que há uma confusão eminente de termos, em que as pessoas tendem a confundir as missões cristãs com colonização — uma confusão que não é totalmente infundada. Devido às missões coercitivas do passado na história da igreja, que mancharam a história cristã, feitas de forma impositiva, imperialista e não-ética, o imaginário popular acabou por culminar na associação da missão, de modo geral, como algo compulsório.

Um dos maiores constrangimentos para mim é ler histórias de pessoas que não eram/são cristãs e que fizeram/fazem críticas justas à igreja por causa de sua letargia e indiferença com causas importantes, ou por causa da igreja ter se envolvido ativamente em práticas moralmente obscuras. Para clarear, posso exemplificar com a história do abolicionista Luiz Gama (1830-1882), que, ele sendo mórmon, disse "Deus repele a escravidão", e fez críticas à igreja, dizendo que "os sacerdotes de Cristo santificam o roubo em nome do Calvário".[1] Por "roubo" ele dizia a escravidão. Também me recordo do abolicionista Joaquim Nabuco (1849-1910), que disse:

---

[1] Luiz Carlos Santos, *Luiz Gama* (São Paulo: Selo Negro, 2010), p. 41.

Em outros países, a propaganda da emancipação foi um movimento religioso, pregado do púlpito, sustentado com fervor pelas diferentes igrejas e comunhões religiosas. Entre nós, o movimento abolicionista nada deve, infelizmente, à Igreja do Estado; pelo contrário, a posse de homens e mulheres pelos conventos e por todo o clero secular desmoralizou inteiramente o sentimento religiosos de senhores e escravos. No sacerdote, estes não viam senão um homem que os podia comprar, e aqueles a última pessoa que se lembraria de acusá-los. A deserção, pelo nosso clero, do posto que o evangelho lhe marcou foi a mais vergonhosa possível: ninguém o viu tomar a parte dos escravos, fazer uso da religião para suavizar-lhes o cativeiro, e para dizer a verdade moral aos senhores. Nenhum padre tentou, nunca, impedir um leilão dos escravos, nem condenou o regime religioso das senzalas. A Igreja Católica, apesar do seu imenso poderio em um país ainda em grande parte fanatizado por ela, nunca elevou no Brasil a voz em favor da emancipação.[2]

É óbvio que existem críticas exageradas à igreja. Contudo, quanto às críticas justas é mister que as observemos e consideremos uma vergonha a lidar. E essas acusações, que demonstram uma participação efetiva da igreja nas práticas escravagistas, tendo feito com que pessoas não cristãs apontassem a falsa moralidade e a busca pelo poderio das comunidades cristãs, devem nos fazer pensar. O mau testemunho da parte da igreja deve pesar-nos o coração.

---

[2] Joaquim Nabuco, *O abolicionismo* (Rio de Janeiro: Centro Edelstein de Pesquisas Sociais, 2011), e-book.

A COLONIZAÇÃO E A IGREJA

Como não se recordar do apóstolo Paulo falando aos romanos "por vossa causa, o nome de Deus é blasfemado entre todos os povos" (Romanos 2.24), denunciando que a falta do bom testemunho cristão pode distanciar as pessoas de Deus? A mensagem de Jesus é perfeita e boa, mas os comunicadores dessa mensagem são pecadores, vis, e por isso, muitas vezes, com as nossas ações, enfraquecemos a bonita mensagem que pregamos.

Citei as críticas feitas à igreja, e agora iremos falar das causas das críticas especificamente no âmbito de missões. A ordem missional, ou seja, tornar Cristo conhecido, não se dá apenas em Marcos 16.15 e Mateus 28.18-20. Na verdade, a Bíblia toda trata de missões. Por exemplo, em Salmos 96.3, o salmista diz sobre como se deve fazer missões: contar os atos maravilhosos que o Senhor fez pelo mundo: a salvação de nossas almas; e contar da experiência de como o viver com o Senhor nos transforma positivamente. Charles Spurgeon, em *Conselhos para obreiros*, disse: "conte aos outros o que já experimentou de Cristo! [...] Tenha o evangelho claro em sua mente, e também sua experiência com ele, e então fale das boas-novas com aqueles cuja alma você quer alcançar".[3]

Não é possível, portanto, ler a Bíblia e não perceber que existe uma ordem inata para a pregação da mensagem do evangelho. Não há dúvidas de que Deus está em uma missão de resgate da humanidade e quer usar seus filhos nessa missão. A grande questão é como se faz essa missão. O modelo ideal de evangelização e missões é o próprio Cristo, o problema ocorre quando a igreja não segue o mo-

---

[3] Charles H. Spurgeon, *Conselhos para obreiros: o príncipe dos pregadores orienta os ministros da igreja* (São Paulo: Vida Nova, 2015), p. 12.

delo cristocêntrico — um convite — e a evangelização se torna em colonização, imposição.

A missionária Analzira Nascimento, em seu livro *Evangelização ou colonização*, discorre sobre as missões cristãs e seus métodos imperialistas. De acordo com ela, "a expansão missionária protestante nos séculos 18 e 19 estava ligada a companhias com interesses mercantis, que tinham objetivos civilizatórios e evangelísticos".[4] Ela continua dizendo que "a cumplicidade da missão no projeto colonial foi evidenciada por meio de vários documentos que comprovam, inclusive, o financiamento de expedições marítimas dispendiosas para 'proclamar a fé'". Laurentino Gomes corrobora para o aprofundamento desses fatos históricos. No capítulo 5, do primeiro volume de sua trilogia *Escravidão*, ele conta a história do infante Dom Henrique, que foi posto para coordenar as navegações portuguesas. Essas navegações tinham por nome "Ordem de Cristo". Pergunto: ordem de quem? Essas missões imperialistas poderiam ter sido ordem de qualquer um, menos de Cristo, pois o modelo colonialista de missões não é o modelo de Jesus. Laurentino ainda diz:

> Até alguns anos atrás, a história oficial reproduzida nos livros didáticos difundia a visão romântica segundo a qual as grandes navegações e descobrimentos entre os séculos XIV e XVI teriam como motor o simples gosto pela aventura, [...] Havia, sim, um espírito de aventura e um forte zelo missionário nas expedições portuguesas [...]. Mas só isso não explica o que aconteceu. A

---

[4]Analzira Nascimento, *Evangelização ou colonização? O risco de fazer missão sem se importar com o outro* (Viçosa: Ultimato, 2015),p . 86.

motivação principal, como sempre, era a conquista de novos territórios e a espoliação pura e simples de seus recursos, incluindo, quando possível, a escravização de seus habitantes.[5]

Quando a ambição e o materialismo se tornam de maior importância que a vivência das boas obras e o bem comum, a igreja acaba se corrompendo. É bom e honesto olharmos na face da corrupção histórica da igreja, reconhecer os erros e demonstrar as irreconciliações dessas corrupções com o evangelho de Cristo. Aprender com os erros para não mais repeti-los é próprio da maturidade. A bênção papal à escravidão (postura ativa da igreja em ações imorais) e a postura de inércia frente ao abolicionismo revelam a aparência incorreta e hipócrita que nós, como igreja, podemos viver se não nos atentarmos para agir do modo de Cristo.

No *Livro negro do cristianismo*, os autores fazem um apanhado histórico dos primórdios das comunidades cristãs até os períodos modernos, demonstrando os problemas com que a igreja se envolveu, os erros da igreja. No capítulo 13, "Colonialismo e escravidão", eles discorrem a respeito da postura reprovável da igreja no período da escravidão, demonstrando que sempre houve benção papal para o expansionismo. Os colonizadores tinham um sacerdote ao seu lado.[6]

E o *modus operandi* dos colonizadores, e da escravidão como um todo, era dos mais desprezíveis. Como bem vimos no capítulo

---

[5]Laurentino Gomes, *Escravidão*, vol. 1 (Rio de Janeiro: Globo Livros, 2019), p. 90.
[6]Jacopo Fo; Sergio Tomat; Laura Malucelli, *O livro negro do cristianismo* (Rio de Janeiro: Ediouro, 2007). P. 179.

2, os escravizados não eram considerados seres humanos. Já que os cristãos justificavam a escravização com seu livro sagrado, como se fosse a mando do seu Deus, havia escravizados que tinham repulsa — por motivos justos — dos cristãos e seu Deus.

> Um povo nativo, guiado pelo chefe indígena Hatuey, tentou se rebelar contra a escravidão. Tentaram uma fuga em massa, mas foram novamente capturados pelos espanhóis. Hatuey foi queimado vivo. Quando o amarraram ao patíbulo, um frade franciscano implorou insistentemente para que abrisse seu coração a Jesus, de modo que sua alma pudesse subir aos céus, em vez de se precipitar na perdição. Hatuey respondeu dizendo que se o Céu era o lugar reservado aos cristãos, ele preferia de longe ir para o Inferno.[7]

É perceptível o motivo pelo qual essa forma de "missão" não era a "ordem de Cristo". Ao invés de trazer as pessoas para os pés de Cristo, fazia-lhes ter repulsa do evangelho. E essa repulsa não se trata da birra de uns individualistas que querem tirar a religião da esfera pública, trata-se de pessoas que estavam sendo oprimidas em nome de Deus e por isso odiavam os cristãos. Novamente, vem à minha mente Romanos 2.24. Se cremos que Jesus é o filho de Deus e que a mensagem dele é a única que pode nos libertar de nossas falhas, não podemos contar essa importante história de qualquer forma. O bem, quando feito com uma razão má, pode também se tornar um mal. A forma como fazemos o que fazemos conta. Na pregação da mensagem, é

---

[7] Ibid.

necessário usar os métodos que Jesus usou para que as pessoas se apaixonem por Jesus e não que elas queiram fugir do Senhor.

Os autores do *Livro negro do cristianismo* focalizam, depois de falar dos indígenas, na maneira como se deu a atenção dos missionários para o continente africano. Eles dizem que:

> A África, antes da chegada dos brancos, possuía um sistema amplo de assistência sanitária. Não havia povoado em que um terapeuta tradicional não pudesse curar, com misturas de ervas e minérios moídos, quem quer que pedisse. Todas essas práticas e remédios foram tornados ilegais para garantir o monopólio sanitário das missões. Mas como estas não estavam amplamente difundidas no território, a maior parte dos vilarejos africanos ficou sem possibilidade de tratamento. Foi um massacre. No que diz respeito à educação, foram apagados milênios de história africana para educar os negros à superioridade branca. As missões ensinavam a história da Europa e a palavra de Deus. Com o bastão e o chicote, extinguiu-se a cultura de um continente.[8]

A operacionalização desonesta, baseada em controle social dos africanos, deixando-os dependentes dos missionários colonizadores, é grave. Torna-se duplamente grave por sabermos que essa operacionalização teve como base a Palavra de Deus. Outro exemplo de como alguns cristãos se relacionavam maldosamente com os negros escravizados está no filme *Harriet* (2019), que conta a história da abolicionista Harriet Tubman, que libertou mais de 300

---
[8] Ibid., 191.

escravizados. O ex-senhor da Harriet se encontra com ela e a vê orando, ao que diz a ela: "Deus não ouve os negros". Ainda sobre isso, o teólogo americano Esau McCaulley conta sobre a denúncia dos escravos cristãos dos seus mestres, quando diz:

> O cristianismo negro, historicamente, eu viria a entender, afirmou que as leituras dos mestres escravos brancos da Bíblia usadas para sustentar a degradação de corpos negros não eram meramente uma manifestação do cristianismo a ser contrastada com outra. Em vez disso, eles disseram que tal leitura estava errada. Negros escravizados, mesmo aqueles que permaneceram analfabetos, na verdade questionaram a exegese branca.[9]

A defesa do Esau McCaulley é a de que os mestres cristãos brancos tinham uma exegese ruim e por isso usaram as Escrituras a fim de escravizar e maltratar os escravizados negros. Isso não apenas os mestres brancos dos africanos, mas também os missionários colonizadores tinham uma exegese (interpretação bíblica) muito pobre e ruim e por isso colonizaram e desfiguraram a imagem de Deus.

Da posição da Igreja Católica Brasileira frente à escravidão, a missionária Analzira Nascimento disse:

> A igreja não conseguiu ter uma profética que condenasse essa inversão de valores, que transformou o negro em commodity. No caso do Brasil, desde 1538, quando chegaram os primeiros gru-

---

[9]Esau McCaulley, *Reading while black* (Illinois: InterVasity Press, 2020), p. 17 [no Brasil: *Uma leitura negra: interpretação bíblica como exercício de esperança* (São Paulo: Mundo Cristão, 2021)].

pos vindos da África, até a promulgação da Lei Áurea, em 1888, nem a Igreja Católica, que já estava estabelecida e estruturada bem antes dos protestantes, fez muita coisa. Diplomacia e comodismo de uns, benefício para outros, sofrimento para maiores envolvidos — situação parecida com a posição da igreja durante o nazismo, que, excetuando alguns casos, só assistiu a barbárie praticada por cidadãos e governadores.[10]

A escravização é o deformar da imagem de Deus. Como disse o teólogo John Stott, "o mal inerente à escravidão (que, em princípio, é também o mal do racismo) é que ela nega a dignidade divina dos seres humanos."[11] Contudo, mesmo a igreja possuindo a Palavra de Deus, não teve uma voz ativa no combate à injustiça da escravidão. Vimos nesse capítulo a prática ativa da igreja para a desumanização de seres humanos feitos à imagem de Deus. Essa é uma das histórias mais sujas, infelizes e diabólicas da história cristã.

Tão logo devemos pensar: se a história cristã tem esses profundos problemas, como é possível muitos cristãos insistirem que não é necessário parar a fim de analisar e estudar o racismo nas nossas igrejas? Existem problemas históricos de discriminação, racismo e preconceito por parte da igreja que podem ser (e são, muitas vezes) reproduzidos se não houver o devido combate. Como bem ressaltou James K. Smith no seu livro *Você é aquilo que ama*, temos um modelo intelectualista de vermos a nós mesmos, e isso nos faz esquecer de que nem todos os nossos atos são pensados. Nas palavras

---

[10]*Evangelização ou colonização?*, p. 80.
[11]John Stott, *O cristão em uma sociedade não cristã* (Rio de Janeiro: Thomas Nelson, 2019), e-book.

dele, nós agimos "... como se nossos atos e comportamentos fossem sempre resultado de uma reflexão consciente, ponderada e racional que culminasse numa escolha...".[12] Contudo, por nem todos os nossos atos serem pensados, muitas vezes há reproduções de práticas pecaminosas que se tornaram naturalizadas em nossa sociedade.

O MITO DE CAM

Martin Luther King, em uma entrevista à *NBC News*, disse que não há como fazer algo errado sem racionalizar esse erro em algum momento. King diz que houve a racionalização da escravidão e por isso a servidão de pessoas africanas foi justificada em diversas esferas, como a esfera moral, biológica, científica etc.[13] Houve também a justificativa da escravidão na esfera religiosa. A "maldição de Cam", por exemplo, é um mito que circulou com vigor entre os séculos 16 e 19 e ajudou a legitimar o expansionismo cristão colonialista. Em essência, a história Bíblica conta que Noé se embriagou e ficou nu, e Cam, um de seus filhos, o viu assim. Ao ficar sóbrio, Noé soube, por seus outros filhos (Sem e Jafé) da atitude reprovável de seu filho Cam e amaldiçoou o filho deste (Canaã), à servidão.[14]

O mito diz que o sinal físico da maldição que Noé deu a Cam foi a pele escura de seus descendentes; seguindo esse raciocínio, no século 6 d.C, Isidoro de Sevilha identificou geograficamente

---

[12]James K. A. Smith, *Você é aquilo que ama* (São Paulo: Vida Nova, 2017). p. 22.

[13]Disponível em: https://www.youtube.com/watch?v=2xsbt3a7K-8.

[14]Barbara Burns; Decio de Azevedo; Paulo B. Carminati, *Costumes e culturas* (São Paulo: Vida Nova, 1995), p. 33.

os descendentes de Cam como africanos.[15] Ou seja, os africanos teriam sido amaldiçoados por Deus, de modo que não haveria problemas maiores com a escravidão dos povos africanos. Contudo,

1. Os africanos não foram sempre cativos;[16]
2. Noé, em Gênesis 9.24, não maldiz Cam, mas Canaã, filho de Cam;[17]
3. Não há nenhuma referência explícita à "raça" nessa passagem — na Bíblia, escravo remete à posição social e não à cor (*Bíblia de Estudo de Genebra*);
4. Escapa ao texto qualquer referência à África.

O mito de Cam não passa disso mesmo que diz o nome, mito. Não há qualquer indicação bíblica de que a África tenha sido amaldiçoada por Deus. Contudo, há referências bíblicas para a depravação do homem. E esse estado decaído do coração pode vir a fazer um ser humano dominar sobre seu semelhante.

Contudo, ainda, hodiernamente, esse mito ainda é acreditado por alguns cristãos. Alguns ainda creem que de fato a África foi amaldiçoada por Deus e que os negros são amaldiçoados. Temos, portanto, muito ainda a fazer, no que se trata a respeito da justiça e reconciliação racial em nossas igrejas.

---

[15]Tatiana H. Lotierzo, *Contornos do (in)visível: A Redenção de Cam, racismo e estética na pintura brasileira (1850-1940)* (São Paulo: Edusp, 2013), p. 65.
[16]Macedo Jr. (org.). *Desvendando a história da África*, Série Diversidades (Porto Alegre: Editora UFRGS, 2008).
[17]*Costumes e culturas*, p. 33.

A IMPORTÂNCIA DA ANTROPOLOGIA MISSIONÁRIA

Apesar de toda essa historicidade da forma como foram realizadas as missões cristãs, o entendimento Bíblico da fé é que ela é voluntária. O modelo missionário de Jesus é o de convidar pessoas a caminharem com ele e aprenderem dos seus ensinos. Aqueles que o seguem o fazem de forma consciente e espontânea. Duas coisas:

1. Não há uma imposição: O teólogo A. W. Tozer diz que a comunhão com Deus "é uma experiência pessoal [...], consciente [...], e perceptível..." (2017, p. 13).[18]
2. Cristo não exige o abandono do que há de bom na cultura particular de cada povo. De fato, a Igreja de Cristo é multiétnica e multicultural.

Portanto, as missões que são feitas de forma a impor a fé cristã a outros não estão nos moldes de Jesus Cristo. Não estão nos moldes do que a Bíblia ensina. Não é a verdadeira forma de se fazer evangelismo e missões.

A associação entre as missões cristãs e o colonialismo ocorre pelas razões históricas ditas anteriormente. Como não tenho por objetivo apagar a história ou fingir que um modelo missionário imperialista não ocorreu, expus os fatos históricos de como esse modelo religioso-econômico de pregação era feito com desrespeito às culturas e costumes alheios, com a demonização da cultura do outro. Modelo este que tem resquícios ainda na mente de uns cristãos. A antropologia missionária é uma matéria que surge justamente de se observar esses modelos colonialistas de missão, como

---

[18] A. W. Tozer, *À procura de Deus* (Curitiba: Betania, 2017), p. 13.

uma resposta bíblica de como fazer a missão de modo relacional e não de modo impositivo e colonizador. Em definição,

> A antropologia missionária instrumentaliza os conhecimentos, conceitos, teorias e hipóteses da moderna antropologia para a prática missionária; ela pesquisa o estudo da humanidade na música, literatura, filosofia, economia, história, geografia, religião, comunicação, letras e relações interpessoais; por fim, analisa estas matérias e se pergunta como elas se desenvolveram, se modificaram e qual o seu significado para a comunicação intercultural do evangelho".[19]

A antropologia diz respeito ao estudo do ser humano, seu comportamento e suas relações. A visão integral do ser humano exige do missionário formas para lidar e agir com respeito à cultura do povo para o qual ele quer servir. A ideia aqui é não anular o outro e as suas particularidades. No livro *Costumes e culturas*, os autores dizem que a antropologia nos ensina que:

1. O comportamento humano não é ilógico ou feito por acaso, mas segue modelos culturais definidos;
2. As partes que formam o padrão de comportamento de uma cultura são inter-relacionadas;
3. A maneira como os diferentes povos seguem e pensam podem tomar formas bastante variadas de cultura para cultura.[20]

---

[19]Hans Ulrich Reifler, *Antropologia missionária* (Londrina: Descoberta, 2003), p. 16.
[20]*Costumes e culturas*, p. 29.

Logo, a antropologia ajuda o missionário a entender a si mesmo e aos outros, e isso garante que a mensagem seja pregada de modo respeitoso e inteligível. O missionário Paul Hiebert escreve sobre isso quando diz que: "Quanto mais vivemos com as pessoas a quem servimos, mais nos tornamos conscientes da profundidade e do poder da cultura das pessoas, e da necessidade de contextualizar tanto o mensageiro quanto a mensagem para que os ouvintes entendam e vivam o evangelho". Mas o que quer dizer a contextualização da mensagem e do mensageiro? Paul Hiebert explica:

> Tendo estudado os seres humanos em seus contextos fenomenológicos, é necessário estudar as Escrituras para discernir os critérios ontológicos e para avaliá-los nos seus contextos. É importante estudá-las cuidadosamente para entender o evangelho nas suas três dimensões. Há uma dimensão cognitiva que trata da verdade. Há uma dimensão afetiva que engloba a beleza e o amor. E há uma dimensão moral que aborda a santidade e a justiça.[21]

A defesa de Hiebert é que, para se evitar atividades coloniais, o missionário precisa se dar conta, além de conhecer bem a Bíblia, das diferenças culturais, sociais e históricas e estudá-las ao ir a um campo transcultural.[22] A mensagem de Cristo, o evangelho, é gloriosa demais, e ser chamado a pregá-la a outras pessoas é um verdadeiro privilégio. Se entendemos as questões da eternidade e a seriedade disso, seria egoísta de nossa parte saber da verdade

---

[21] Ibid., p. 130.
[22] Ibid., p. 116.

e ficar só para nós. Egoísmo não é os cristãos pregarem o evangelho, egoísmo é eles não pregarem. Nós cristãos não devemos deixar de cumprir o ordenamento de Jesus e pregar a todos os povos. Agora, como dito anteriormente, a mensagem deve ser pregada de forma fiel e de forma inteligível e coerente. E a mesma mensagem deve ser recebida de forma voluntária. E se ela for rejeitada, que seja rejeitada pela sua dificuldade e dureza — Jesus tem ensinos bastante duros de renúncia e abnegação que muitos não suportam — e não por causa da incompetência do mensageiro ao pregá-la. Anunciar a glória do Senhor entre as nações deve ser feito à maneira de Jesus e não do modo imperialista e colonizador. Precisamos, como igreja, reconhecer os erros históricos que se teve com relação a escravidão e a colonização e procurar formas, segundo o evangelho de Cristo, de destruir os resquícios desse sistema que ainda venha a ter em nossas congregações.

CAPÍTULO 4

A MULHER NEGRA E A FEMINILIDADE ELITISTA

> Enganosa é a graça, e vã, a formosura,
> mas a mulher que teme ao Senhor, essa será louvada.
>
> PROVÉRBIOS 31.30

Continuando a falar sobre as raízes da escravidão e seu legado, agora iremos conversar sobre as mulheres, sobre a feminilidade. A coisa mais perigosa que pode ocorrer são doutrinas humanas sendo tratadas como ordenança divina. Os falsos profetas e os mestres legalistas gostam de fazer isso. Jesus nos alertou sobre isso. Falando das particularidades do ser feminino, é notável a ocorrência de se pôr peso em assuntos que a Bíblia não põe. Falo sobre os que dizem, generalizando, que para a mulher ser plenamente feminina:

1. Deve ser intelectualmente preguiçosa (não estudar muito);
2. Não pode trabalhar fora do lar;
3. Deve ser fraca;
4. Deve pensar apenas no matrimônio e na maternidade.

Esse discurso é defendido por alguns no evangelicalismo. E não é um discurso apenas reproduzido por leigos, mas em púlpitos de igrejas ricas com seus pastores e mestres bem instruídos. Contudo, esse modelo de feminilidade, limitada à maternidade e ao trabalho dentro do lar, é elitista e exclui a grande maioria das mulheres que vivem em países desiguais, social e economicamente falando.

No mundo ideal, talvez o marido trabalhe e consiga trazer provisão para o lar, e este valor salarial seja suficiente para o sustento da família. Todavia, em mundo quebrado, nem sempre o salário do marido é suficiente para as despesas familiares. Ainda mais, num mundo quebrado há problemas como: abandono parental, situação que leva a mulher a se tornar chefe do seu lar; viuvez, condição na qual a mulher tem de se tornar provedora do lar; além de situações nas quais a mulheres têm de ser mãe e pai ao mesmo tempo, em razão de o pai ser omisso.

A feminilidade que diz: "mulher não pode trabalhar ou estudar" é reducionista, cruel e excludente. Uma família rica pode ter a opção de escolher se a mulher trabalha fora do lar ou não. Contudo, numa família pobre ou de classe média, vivendo em um país desigual, no qual o salário do trabalho normalmente não é muita coisa, quase sempre a mulher também deve trabalhar para ajudar nas despesas do lar. E elas são menos bíblicas (ou menos femininas) por causa disso?

Falando com mais delimitação, a mulher negra sempre teve de trabalhar. No período da escravidão, quando as sinhás poderiam ficar dentro de seu lar, cuidando de seus filhos (e contando com as babás negras para isso), a mulher preta tinha de trabalhar na lavoura. Após a abolição da escravatura, a mulher preta teve de trabalhar na cidade — no emprego que conseguisse — para ajudar no sustento da casa. E elas eram menos mulheres por trabalhar?

Bem, a Bíblia fala que a mulher virtuosa de Provérbios 31 é trabalhadora (v. 13), compra (v. 16), vende (v. 24) e tem força (v. 17). A quem beneficia o discurso de uma feminilidade elitista e excludente? E por que querem colocar sobre as mulheres fardos que a Bíblia não coloca? Por que doutrinas humanas — como a feminilidade elitista — é tida como doutrina divina? Timothy Keller disse que "quando transformamos coisas boas em coisas definitivas, quando fazemos delas nosso maior consolo e amor, elas necessariamente nos desapontarão amargamente."[1] Porque transformar uma coisa boa — maternidade e matrimônio — em coisas definitivas da feminilidade? De onde surgiu e quem sustenta isso? E por quê?

Agora, veja bem, a feminilidade, as particularidades femininas, não é algo inventado pelos homens para a opressão das mulheres. Na verdade, na criação do mundo, o Criador estabeleceu as diferenças entre os homens e as mulheres. Deus, ao criar o primeiro ser humano, Adão, viu que não era bom que ele estivesse só, e criou, portanto, alguém que iria complementá-lo (Gênesis 2.18). A grande questão é: qual a integralidade do que a Bíblia diz a respeito da feminilidade?

A MULHER NEGRA NA ESCRAVIDÃO

No contexto sociocultural brasileiro, a mulher negra sempre teve de trabalhar. No livro *O desenvolvimento econômico brasileiro*, Argemiro J. Brum narra que havia primeiramente uma preferência por trazer escravos homens da África por causa do trabalho braçal na lavoura: "ao longo de mais de trezentos anos (1540-1860) em que se praticou o tráfico negreiro, predominavam os homens, aproximadamente na proporção de três por um, por serem mais fortes e adequados a que se destinavam".[2] Contudo, essa preferência pelo trabalho masculino não excluía a possibilidade de mulheres também serem escravizadas. E essas mulheres tinham duas frentes de trabalho: a lavoura e a casa grande.

---

[1] Disponível em: https://www.theatlantic.com/ideas/archive/2021/03/tim-keller-growing-my-faith-face-death/618219/.
[2] Argemiro J. Brum, *O desenvolvimento econômico brasileiro*, 19. ed. (Rio de Janeiro: Vozes, 1998), p. 147.

As jovens escravas, negras ou mulatas, que possuíssem atrativos de beleza, geralmente eram chamadas para o serviço doméstico na casa senhorial, onde ficavam ao alcance do senhor e de seus filhos homens, ou dos capatazes e feitores, para gozo sexual, gerando mais mulatos. Muitas acabavam se tornando mucamas ou amas de leite, e mereciam certa consideração. A maioria, porém, quando perdiam o viço da juventude e os atrativos de beleza, eram encaminhadas para o eito e a senzala, em igualdade com os demais escravos, e só então a elas tinham acesso sexual os escravos homens.[3]

Ampliando o horizonte, a Angela Davis disse no livro *Mulheres, raça e classe*[4] que os castigos dados às mulheres eram piores do que os infligidos aos homens, já que as mulheres eram também açoitadas, mutiladas, tal qual os homens, mas elas eram ainda estupradas. As mulheres negras escravizadas não eram tratadas segundo o estereótipo de "mulheres frágeis", elas eram sexualizadas e obrigadas a trabalhar em pé de igualdade a como os homens trabalhavam.

As mulheres que trabalhavam na lavoura, em razão das condições precárias de trabalho, tinham fertilidade baixa, por isso, "o suprimento de escravos só foi possível pela contínua e crescente importação..."[5] E além da importação dos escravos, o que fez com que o tráfico escravo no Brasil durasse mais de 300 anos, uma ideia "genial" surgiu para que houvesse novos escravos, nascidos das escravizadas. Laurentino Gomes conta das mulheres escravizadas serem usadas nas chamadas maternidades dos escravos:

---
[3] Ibid., p. 144-5.
[4] Angela Davis, *Mulheres, raça e classe* (São Paulo: Boitempo, 2016), e-book.
[5] *O desenvolvimento econômico brasileiro*, p. 148.

"Na economia escravagista havia até um negócio paralelo, tão constrangedor que nunca recebeu destaque na história da escravidão: a reprodução sistemática de cativos, com o objetivo de vender as crianças, da mesma forma como se comercializam animais domésticos".[6] E esses centros de reprodução de escravos, segundo Laurentino, ocorreram em países como: Brasil, Portugal, EUA, Espanha... O dr. Martin Luther King também falou da realidade cruel dos centros de reprodução sistemática de escravos, na realidade dos Estados Unidos, no seu livro *Por que não podemos esperar*.[7] Quando falo que os negros africanos eram tratados como animais, é esse o nível de como as coisas funcionaram, historicamente falando.

O que vimos nessa seção é que a mulher negra no trabalho escravo era tratada de forma igual ao homem escravizado. Algumas foram vendidas como escravas ainda crianças e trabalhavam desde então. Após a abolição da escravidão, as famílias dos ex-escravizados tiveram de procurar o mantimento da forma como podiam. Martin Luther King explica que o fato de os ex-escravizados não terem sido assistidos pelo governo fez com que ficassem à margem da sociedade, e havia dois pilares de opressão ao negro: a cor e a uma cultura separada de pobreza.[8] Daí, King complementa dizendo que "a mulher negra comum sempre teve que trabalhar para ajudar a sustentar a sua família com comida e roupas".[9] Com o fim da escravização, todos tinham de trabalhar nas cidades (homens

---

[6]Laurentino Gomes, *Escravidão*, vol. 1 (Rio de Janeiro: Globo Livros, 2019), p. 224.
[7]Martin Luther King, *Por que não podemos esperar* (São Paulo: Faro Editorial, 2020).
[8]Ibid., p. 31.
[9]Ibid., p. 32.

e mulheres), a fim de não morrerem de pobreza. A realidade estadunidense também ocorreu aqui no Brasil. Nesse sentido que a feminilidade que diz que a mulher não pode/deve trabalhar, além de ser antibíblica, é também elitista.

A EXCLUSÃO DA MULHER NEGRA DA FEMINILIDADE

Listarei a seguir algumas mulheres importantes na luta contra a escravidão que merecem atenção, e que eu não poderia deixar de fazer menção nesse livro, a fim de possibilitar, de forma concreta, o entendimento de como a mulher negra, historicamente, sempre teve de ser forte, batalhadora e trabalhadora. Observar esses casos e entender a historicidade ajudará na compreensão de como a feminilidade que evoca ao não trabalho (fora do lar) e evoca a fragilidade exclui a mulher negra e sua história.

SOJOURNER TRUTH
(1797-1883)

Nascida escrava, tornou-se abolicionista após sua fuga emancipatória. Cristã metodista, Truth lutou pelos direitos das mulheres. Em 1851, em Akron, Ohio, durante a Convenção dos Direitos da Mulher, ela pronunciou um dos seus mais famosos discursos. Acredito que esse discurso tem muito a ver com o que quero dizer sobre como alguns conceitos de feminilidade excluem a mulher negra. Nada melhor que uma mulher negra que viveu nessa época, e que se sentiu excluída, para explicar como se deu essa exclusão:

> Aquele homem ali diz que as mulheres precisam ser ajudadas a entrar em carruagens, e que têm que ser erguidas para passarem sobre poças e terem os melhores assentos em qualquer lugar. Ninguém nunca me ajudou a entrar em carruagens, a passar por cima de poças de lama e nem me deu o melhor lugar! E eu não sou uma mulher? Olhem para mim! Olhem para o meu braço! [E ela ergueu o punho para revelar sua tremenda força muscular]. Tenho arado e plantado e ceifado, e nenhum homem poderia me superar! E eu não sou uma mulher? Eu posso trabalhar tanto e comer tanto quanto um homem — quando consigo comida — e também aguentar o chicote! E eu não sou uma mulher? Eu carreguei treze filhos, e vi a maioria ser vendida como escravo, e quando chorei minha tristeza de mãe, só tinha Jesus para me ouvir! E eu não sou uma mulher?[10]

Perceba a potência da denúncia no discurso da Sojourner. Perceba também que, além da mulher negra ser completamente desumanizada e não tratada como "sexo frágil" na escravidão, após a escravidão, ela continuou não sendo tratada como frágil e indefesa como as mulheres brancas eram tratadas, ao não ser ajudada a entrar em carruagens, a passar por cima de poças de lamas. Em vez disso, teve de trabalhar... E a pergunta da Sojourner é pertinente: se o discurso era que as mulheres eram a parte frágil da sociedade e deveriam ser ajudadas, por que então esse tratamento benéfico não abarcou as mulheres negras?[11]

---

[10]Carla Cardoso, *E eu não sou uma mulher? A narrativa de Sojourner Truth* (Rio de Janeiro: Ímã Editorial, 2020).
[11]Perceba que a Sojourner fala sobre não poder cuidar de seus filhos, embora quisesse. Temos aqui uma mulher que parece não ter problemas com o viver a feminilidade no modo cuidar do lar e dos filhos. Mas que não consegue fazer isso, pois seus filhos lhe são arrancados para serem feitos escravos.

HARRIET TUBMAN
(1822-1913)

Harriet também nasceu escrava, ou seja, sempre teve de trabalhar. Ela se tornou uma das mais importantes abolicionistas. No livro *Mulheres, raça e classe*, Angela Davis traz um tributo à vida da Harriet, quando diz:

... Harriet Tubman e seu extraordinário ato de coragem ao conduzir mais de trezentas pessoas pelas rotas da chamada Underground Railroad. No início, ela teve uma vida típica de mulher escrava. Trabalhando na lavoura em Maryland, percebeu, por meio de seu trabalho, que seu potencial como mulher era o mesmo de qualquer homem. Aprendeu com o pai a cortar árvores e abrir trilhas e, enquanto trabalhavam lado a lado, ele lhe transmitiu conhecimentos que mais tarde se mostraram indispensáveis nas dezenove viagens de ida e volta que ela realizaria ao Sul. Ele a ensinou a caminhar silenciosamente pela mata e a localizar plantas, ervas e raízes que serviriam de alimento e remédio. Sem dúvida, o fato de ela nunca ter fracassado pode ser atribuído aos ensinamentos de seu pai. Durante a Guerra Civil, Harriet Tubman manteve sua oposição incansável à escravidão, e ainda hoje detém o mérito de ter sido a única mulher nos Estados Unidos a liderar tropas em uma batalha. Independentemente dos parâmetros usados para julgá-la — negro ou branco, masculino ou feminino —, Harriet Tubman foi uma pessoa extraordinária. No entanto, olhando-a de outro ponto de vista, o que ela fez foi simplesmente expressar da própria maneira o espírito de força e perseverança conquistado por tantas mulheres de seu povo.[12]

Harriet foi responsável por conduzir vários negros escravizados à liberdade. Ela pensou em estratégias (intelecto), desafiou o sistema escravagista (força) e foi uma corajosa abolicionista. Será que ela não estava sendo plenamente feminina quando no exercício dessas funções? Harriet era cristã. Será que ela foi antibíblica no exercício quando liderou o exército e quando olhou nos olhos da escravidão e lutou contra esse sistema demoníaco?

ZACIMBA GABA

Zacimba era princesa da nação de Cabinda, em Angola, e foi trazida escravizada ao Brasil em 1690. Foi corajosa e liderou uma revolta contra o seu senhor, o José Trancoso, envenenando-o. "Os negros fugiram e formaram um quilombo onde hoje está o município de Itaúnas, no Espírito Santo"[13] E ainda mais, o autor e pesquisador Ale Santos diz que Zacimba e os quilombolas invadiam embarcações e libertavam outros negros que estavam sendo levados à escravidão. "Era comum que esses navios precisassem esperar a maré subir para chegar ao rio Cricaré e desembarcar. Durante a espera, quando o sol se escondia, os guerreiros de Zacimba

---

[12] *Mulheres, raça e classe*, e-book.

[13] Ale Santos, *Rastros de resistência: histórias de luta e liberdade do povo negro* (São Paulo: Panda Books, 2019), p. 58.

atacavam pelos flancos e pegavam os marinheiros totalmente desprevenidos."[14]

Será que a princesa Zacimba foi menos princesa e menos feminina pelo fato de ter liderado um exército a fim de libertar negros que haveriam de ser escravizados? Será que ela era menos mulher pelo fato de ter agido com bravura e coragem, ao lado de homens, lutando pela liberdade de seu povo?

NANNY

Nanny foi feita escrava ainda criança e vendida a traficantes ingleses que a levaram para cultivo de cana na Jamaica. Resistiu, fugiu com seus quatro irmãos e, juntos, criaram a aldeia dos *maroons*. A Nanny liderou outros *maroons* (negros livres) e juntos começaram a resgatar negros escravizados, ao todo ela "libertou mais de mil africanos durante toda a sua vida".[15] Sua fama como heroína é tamanha na Jamaica, que seu rosto está estampado na moeda oficial do país.

Trouxe essas quatro mulheres negras como exemplo. Observe que elas foram fortes, resistente e resilientes. Elas eram menos mulheres que as mulheres brancas, que nesse mesmo período da escravidão e pós-escravidão podiam, por ter condições financeiras para isso e pelo fato de não terem sido reduzidas à escravidão, ficar nos seus lares cuidando de seus filhos? E será que essas mulheres

---
[14]Ibid.
[15]Ibid., p. 120.

não queriam cuidar de seus filhos, dentro de seus lares? Certamente queriam, mas a escravidão fazia com que elas tivessem seus filhos arrancados de si, sendo dados também à escravidão. Após a escravidão, elas tinham de batalhar trabalhando, pois, se não, ela e suas famílias passariam necessidades — lembre-se que o salário do marido não daria para sustentar a família.

Olhando num aspecto bíblico, elas estavam erradas, elas pecaram em agir de forma firme? Não. Na verdade, observe, na Bíblia, a história de Joquebede, a mãe de Moisés, em Êxodo 2, e como ela foi corajosa contrariando os decretos de Faraó. Veja a juíza Débora, em Juízes capítulos 4 e 5, e sua bravura em dirigir o povo de Israel. Examine a história de Ester, no livro que tem seu nome na Bíblia, e como ela foi corajosa na defesa do povo judeu contra o malvado Hamã. Veja a história de Rute e Noemi e como elas foram corajosas e trabalhadoras, dentre outros exemplos bíblicos. Note que a forma de viver das mulheres bíblicas não era como mulheres indefesas e burras: as mulheres bíblicas eram fortes, inteligentes e ativas no serviço a Deus. A feminilidade dócil, elitista e indefesa, importada dos Estados Unidos, não é tão bíblica quanto a fazem parecer. A história das mulheres negras, uma história de trabalho, bravura e resistência, é mais próxima da visão bíblica de feminilidade.[16]

---

[16]Não sei se você estava preparado(a) para essa conclusão aqui. Talvez seja muita informação sendo jogada em você ao mesmo tempo. Mas peço que continue a leitura, ainda que esteja irritado(a) ou escandalizado(a). Se o que estou dizendo tem respaldo bíblico e você discorda, não é de mim que você discorda, é da própria Palavra de Deus que você está discordando. A forma como ensinam a feminilidade, chamando-a de bíblica, nem sempre é tão bíblica assim. Essa é a verdade. Não deixe o livro de lado, nem me ignore. Te encorajo a continuar a leitura. Toma uma água e me dê mais um pouco do seu tempo, ainda que esteja irritado(a) comigo.

AS DESIGUALDADES SOCIAIS E A MULHER NEGRA

E qual a realidade da mulher negra, no Brasil, atualmente? Observemos alguns infográficos feitos pelo Instituto de Pesquisa Econômica Aplicada (Ipea), no estudo sobre pobreza e desigualdade de renda:

Pobreza, distribuição e desigualdade de renda
Renda média da população, segundo sexo e cor/raça. Brasil, 2009.

Fonte: https://www.ipea.gov.br/retrato/infograficos_pobreza_distribuicao_desigualdade_renda.html

Habitação e saneamento
Distribuição de domicílios urbanos em favelas, segundo sexo e cor/raça do/da chefe. Brasil, 2009.

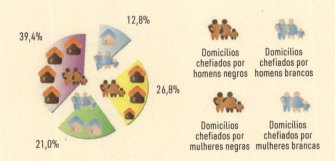

Fonte: https://www.ipea.gov.br/retrato/infograficos_habitacao_saneamento.html

A mulher negra sofre tanto com o machismo quanto com o racismo. É a última da pirâmide social. Recebe menos, em renda média salarial, e é chefe de família em 26,8% dos casos apresentados pelo Ipea. Perceba as nuances da sociedade brasileira; o peso de uma "feminilidade-dentro-apenas-do-lar" é desproporcional com a realidade. Angela Davis disse que a ideologia da feminilidade é um subproduto da industrialização, que disseminou os estereótipos (brancos) da mulher. "Na propaganda vigente, 'mulher' se tornou sinônimo de 'mãe' e 'dona de casa' [...]. Mas, entre as mulheres negras escravas, esse vocabulário não se fazia presente."[17] Historicamente, houve a associação da mulher como mãe e dona de casa e isso não é necessariamente o que a Bíblia diz.

Embora a Bíblia conclame a mulher para o bom cuidar de seu lar (Provérbios 14.1), o que não é em si algo ruim, a Bíblia não limita o ser mulher somente a essa função. Perceba que a ideia de mulher como mãe e dona de casa se torna excludente da realidade mulher negra, pois a realidade da mulher negra muita das vezes não a faz ter a opção de não trabalhar fora de casa. Geralmente, mulheres ricas (a maioria de cor branca) é que podem ser plenamente femininas, segundo este modelo elitista de feminilidade. Não é à toa que, na maioria das páginas de feminilidade, a estética é de mulher rica e branca. Nem é disfarçado o fato de que a mulher negra realmente não se encaixa nesse modelo.

---

[17] *Mulheres, raça e classe*, e-book.

O ESTIGMA DA COR

QUAL A PRINCIPAL CARACTERÍSTICA DA FEMINILIDADE?
Geralmente, quando se fala da mulher, nos lembramos de Provérbios 31. Porém, entendo que a visão da mulher de Provérbios 31 seja mais ampla do que se apresenta muitas das vezes. Percebo que a feminilidade exagerada, evocando uma romantização do papel da mulher, é exaltada em detrimento de toda a realidade da mulher virtuosa. O que estou dizendo? Acontece que, ao falar da mulher virtuosa, imaginamos logo uma mulher de vestido ou saia, cabelos longos, doce, frágil e calada. Estereótipos construídos histórica e socialmente. Essas qualidades são bacanas, mas a mulher de Provérbios 31 não se resume a isso.

Primeiramente, Provérbios 31 foi ensinado por uma mãe ao seu filho, orientando-lhe quanto a como se portar com as mulheres, vemos isso no primeiro versículo. No decorrer do capítulo, há características das qualidades da mulher virtuosa que a mãe ensina ao filho e que muitas das vezes nem sempre são destacadas. Nos diz a mãe do sábio que a mulher virtuosa é:

1. Confiável (v. 11);
2. Trabalha (v. 13);
3. Dá mantimento à sua casa/cuida do lar (v. 15);
4. Compra (v. 16);
5. Tem força (v. 17);
6. Ajuda os necessitados (v. 20);
7. Vende (v. 24);
8. É sábia e bondosa (v. 26);
9. É louvada (v. 28, 31).

Portanto, a mulher de Provérbios 31 é uma mulher que faz tudo o que lhe vem à mão para fazer, que ama e valoriza a sua família e que se porta como uma verdadeira cristã. A exaltação de determinadas qualidades da mulher (como cuidado do lar) em detrimento a outras qualidades da mulher (por exemplo, ter força) é incompleta. A mulher virtuosa se parece muito mais com uma princesa guerreira de Wakanda do que com uma princesa dócil e indefesa. A mulher negra, que sempre teve de trabalhar, historicamente falando, e que está nos grupos econômicos menos favorecidos, e por essa razão necessita trabalhar fora e dentro do lar, não está sendo antibíblica e nem está em oposição ao modelo bíblico da mulher virtuosa de Provérbios 31. A mulher pobre que precisa trabalhar não está sendo menos feminina nem menos bíblica.

Não há problema em falar especificamente da feminilidade, contudo, há problemas quando o modelo de feminilidade é excludente, pelo fato de abarcar a forma de viver (cultura) das mulheres ricas, de maioria branca. A feminilidade elitista, importada dos Estados Unidos, se esquece da história e trajetória das mulheres negras, deixando, assim, nós, mulheres negras, de fora do que seja "feminilidade bíblica" e colocando peso espiritual a partir de valores socioeconômicos e culturais, ignorando a amplitude do que Bíblia diz sobre a mulher. A característica principal da feminilidade bíblica não são qualidades exteriores, que alimentam estereótipos, mas o temor ao Senhor (Provérbios 31.31), e isso precisa estar em nossa mente para que não se coloque pesos estéticos e socioeconômicos que a Bíblia não coloca.

Cristo disse que a eternidade é conhecermos a Deus (João 17.3). O Senhor, o Deus eterno, haverá de se revelar a nós, como fazia com Adão e Eva (sim, o Senhor também se revelava à Eva),[18] no jardim do Éden, caminhando conosco e nos ensinando sobre seu caráter. Se é assim, a maior característica do cristão deve ser estudar sobre o Senhor e conhecê-lo cada dia mais e mais, e isso se aplica às mulheres também. Grupos de feminilidade bíblica devem estudar a Bíblia. As mulheres precisam aprender teologia, pois, como disse John Piper: "teologia fraca produz mulheres fracas".[19] A feminilidade apenas preocupada com o exterior, que tem um padrão (branco/europeu), além de excluir a realidade das mulheres negras, também é teologicamente fraca.

NÃO LIMITEM AS MULHERES

Imaginemos um mundo onde os ensinos de Jesus sejam seguidos à risca. Haveria problemas em nosso mundo? Não, pois a mensagem de Cristo é completa e suficiente para extirpar qualquer tipo de mal que haja em nossa sociedade. O problema é que não seguimos a mensagem de Cristo à risca, por questão de comodismo e rebeldia, não querendo praticar a autonegação.

Com relação à valorização do ser humano, temos em Cristo essa noção de forma tão perfeita e harmônica que não há como ser um verdadeiro seguidor de Cristo e não valorizar todas as suas criaturas, e isso inclui a mulher. Portanto, não é um movimento ideológico-político que diz que há valor na mulher e que

---

[18] Sim, mais uma nota de rodapé. Você percebeu que eu destaquei Eva? Vou destacá-la novamente aqui. Deus não se revelava em conhecimento de quem ele é apenas a Adão, mas a Adão *e Eva*. O conhecimento de Deus, o estudo da teologia, o estudo da Bíblia, é para todo o gênero humano. Quem diz isso é a Bíblia.

[19] Disponível em:https://voltemosaoEvangelho.com/blog/2014/03/teologia-_fraca-produz-mulheres-fracas-john-piper/.

a mulher deve ser respeitada e amada, é Cristo primeiramente quem o diz.

Em Jesus, percebemos o direito das mulheres claramente, e por causa de Jesus é que podemos lutar pela vida das mulheres e contra as opressões que elas sofrem no mundo. Precisamos evitar os extremos... Nem devemos ir pelo caminho do neopuritanismo moderno, o que foi exposto nesse capítulo, que estereotipa o tipo ideal de mulher, nem pelo caminho do feminismo liberal, onde existem algumas incongruências com os ensinos de Cristo, mas falar contra o machismo, racismo e todas as injustiças presentes militando primaria e primeiramente pela causa do evangelho.

A feminilidade Bíblica está além do que as pessoas nos dizem que deve ser feito, e está bem no centro de como Deus nos diz como viver. E é só quando procurarmos profunda e verdadeiramente a ele é que conseguiremos saber como agir em meio a esse mundo que diariamente nos golpeia pelo fato de sermos mulheres.

Jesus foi acima de toda a sua cultura e aos padrões estabelecidos pelas pessoas de sua época. Vemos isso principalmente em seu tratamento com as pessoas que eram desprezadas e escanteadas. Pessoas como crianças, órfãos, viúvas, mulheres... Falando especificamente das mulheres, vemos que Jesus não as limitou, ou seja, não as tratou como mero objeto, como as pessoas de sua época as tratavam, mas ele foi além e as valorizou porque eram imagem e semelhança de Deus. Vemos Jesus falando — um Mestre da Lei procurando e falando com mulheres? Uau! Isso era notável naquela época — com a Maria Madalena. Jesus falou com a mulher samaritana — e os samaritanos ainda eram inimigos dos judeus. Jesus não desprezou a mulher que chorou aos seus pés e os limpou com seus cabelos. Jesus ensinou a Maria, irmã de Lázaro, enquanto nem se havia, de forma consistente, a visão da mulher estudar e aprender. Dentre outros exemplos.

O ápice do ensino da valorização da imagem e semelhança de Deus está na sua ressurreição. Deus, em sua soberania, escolhe três mulheres para serem as primeiras testemunhas da ressurreição. Por que isso é tão importante? Acontece que, naquela época, o testemunho da mulher não era levado em conta. O testemunho da mulher de nada valia. Mas Deus escolheu mulheres para serem as testemunhas do fato mais significativo e especial do cristianismo: a ressurreição do nosso Mestre. Isso demonstrou que o testemunho da mulher é também válido. Deus valoriza as mulheres.

Devemos viver da forma como Jesus agiu. Por isso, peço que, com relação às mulheres, por favor, não nos limitem. Precisamos valorizar toda a vida humana e não esquecer ou diminuir, como tem sido muitas vezes. Renovemos nossa mente com a Palavra do Senhor e estejamos prontos para agir como Jesus agiu. Precisa-se renovar a mentalidade da feminilidade elitista excludente com a Palavra de Deus. A mulher pode, sim, estudar, trabalhar e contribuir com seus dons para o florescimento da sociedade. O mandato cultural também se aplica a nós mulheres.

CAPÍTULO 5

A SÍNDROME DE CAIM:

QUANDO A INDIFERENÇA E O DESPREZO SE TORNAM A MINHA RESPOSTA À DOR DO MEU PRÓXIMO

> Disse o Senhor a Caim: Onde está Abel, teu irmão?
> Ele respondeu: Não sei; acaso, sou eu tutor de meu irmão?
>
> GÊNESIS 4:9

Após a expulsão do jardim do Éden, Adão e Eva tiveram dois filhos, Caim e Abel. A história bíblica conta que os irmãos foram realizar sacrifícios para Deus, e o Senhor se agradou da oferta de Abel e rejeitou a oferta de Caim (Gênesis 4.4,5). Tal situação deixou Caim irritado, e seu ódio e inveja o levaram a matar o seu irmão (Gênesis 4.8), caracterizando o primeiro homicídio da história da raça humana.

O *Comentário bíblico africano* elucida essa passagem dizendo: "quando o ódio é alimentado, inspira o mal contra o objeto odiado".[1] Caim alimentou o seu ódio, o que o levou a matar o seu semelhante. E a história em si já é bem complexa, contudo, consegue ficar pior. Deus, ao conversar com o Caim, pergunta-lhe onde estava o seu irmão (Gênesis 4.9) e Caim responde ao Senhor dizendo: "Não sei; sou eu o responsável por meu irmão?"

Caim revela egocentrismo e individualismo. Enquanto o Senhor havia criado o universo para que houvesse harmonia — comunidade, igreja, unidade —, a atitude de Caim foi o justo oposto do que o Criador havia planejado. O orgulho ferido de Caim o levou ao desprezo por seu irmão a ponto de querer exterminá-lo, e assim fazer. C. S. Lewis disse que "o orgulho, porém, sempre significa a inimizade é a inimizade, e não só a inimizade entre os

---

[1] Tokunboh Adeyemo, *Comentário bíblico africano* (São Paulo: Mundo Cristão, 2016), p. 86.

homens, mas também entre os homens e Deus".[2] E ainda, como já citado: "O orgulho leva a todos os outros vícios; é o estado mental mais oposto a Deus que existe".[3]

Ainda no *Comentário bíblico africano* sobre esse capítulo, lemos que "a perversidade de Caim está tão viva hoje em nosso meio quanto naqueles tempos remotos"[4] É ilógico pensar que a história de Caim termina em Caim, na verdade esse tipo de descaso com a vida humana *começa* em Caim. Há pelo menos duas formas de perceber a perversidade de Caim ainda nos tempos atuais: a primeira forma é observar o ciclo de violência que perdura a partir das guerras e conflitos individuais e sistemáticos; a segunda forma é observando a atitude dissimulada do Caim de fugir da responsabilidade do cuidado para com o seu irmão, quando diz para Deus que não é o guarda (protetor) de seu irmão. A primeira forma exploro no livro todo, o racismo é uma forma de violência com raiz no individualismo. A segunda forma é a que irei explorar aqui neste capítulo.

Nós, negros, sofremos discriminação todos os dias e testemunhamos às pessoas como é ser tratado de forma desigual pela sociedade, a partir de nossas experiências, na esperança de que as pessoas se mobilizem e se juntem a nós na luta contra o racismo. Contudo, muitos não se envolvem efetivamente, por motivos diversos. Alguns ainda identificam como "vitimismo" a dor legítima dos negros. A verdade mesmo é que a expressão "vitimismo" se tornou um espantalho para aqueles que não se importam com a dor do povo negro, com a dor

---

[2] C. S. Lewis, *Cristianismo puro e simples*, 3. ed. (São Paulo: WMF Martins Fontes, 2009), p.165.
[3] Ibid., p. 62.
[4] *Comentário bíblico africano*, p. 86.

dos injustiçados. Estes estão muito ocupados falando — são reativos — e pouco tempo têm para ouvir e entender as experiências de vida das pessoas negras. Trazendo uma analogia, é como se eu tivesse um corte no meu braço e o estivesse mostrando para alguém e essa pessoa olhar para o ferimento e dizer: "esse seu corte é invenção sua!"

É doloroso ouvir palavras que descaracterizam ou diminuem as experiências negativas reais que negros vivem diariamente. Essas pessoas, com suas visões reducionistas do problemão que é o racismo, e com suas atitudes infantilizadas ou mesmo intimidadoras, são "Cains". Elas olham para o próximo e dizem a Deus: "Por acaso sou eu responsável pelo meu irmão negro? Não, Deus, eu não sou. Não quero ser! Não me importo com a dor dessas pessoas. Essas pessoas são difíceis de amar. Não quero saber do que eles sofrem. Não quero saber deles! Deixe-os com a dor deles, não sou responsável por eles!" Pode parecer duro de ler isso, mas é exatamente assim o *modus operandi* dos que rejeitam tratar assuntos como racismo e outros preconceitos com a seriedade que esses temas merecem.

Parece que nós, negros, além de sofrer o racismo, temos de provar que de fato estamos falando a verdade. E quando mostramos os fatos históricos, sociais e as estatísticos, ainda assim as nossas provas são declaradas como insuficientes. A grande questão não é a prova do fato, a grande questão é sermos quem somos e eles não ligam para nós e nossa situação. Os "Cains" são hostis a nós, negros, pois não se importam com o nosso bem-estar.

QUANDO DADOS SÃO INSUFICIENTES

Esau McCaulley fala disso no capítulo 2, "Freedom is no fear" [Liberdade é não ter medo], do seu livro *Reading while Black*. Nesse capítulo, Esau mostra evidências de como os negros ainda não têm liberdade total na sociedade, pois existe medo de como haveremos de ser tratados. Especialmente nesse capítulo, o autor comenta sobre o medo da violência policial. Para explicar o seu ponto, ele diz que mostraria estatísticas como prova de seus argumentos. Contudo, logo complementa: "mas não acredito que as estatísticas convencerão aqueles que são hostis à nossa causa. Além disso, as estatísticas são desnecessárias para aqueles que carregam em seus corações a experiência de ser negro neste país."[5] McCaulley estava falando de seu país, os Estados Unidos, contudo, o conteúdo da mensagem é totalmente aplicável ao Brasil. Não apenas na questão da violência policial, mas na condição do negro como um todo, não importa o tanto de estatísticas e fatos históricos que se mostre: (1) aquele que não quiser entender, não entenderá; (2) os que vivem as situações de constrangimentos e violência (ou os que são sensíveis a causa) não precisam de estatísticas para saber que isso é real e verdadeiro, pois experimentam em sua própria pele.

Muitas vezes nós, negros, gastamos energia tentando explicar a história do nosso povo e como se dão os desdobramentos dessa história na atualidade, a partir de dados e fatos, contudo, não somos ouvidos, e ainda mais: somos vistos com suspeita. Sei que muitos olharão apenas para a capa deste livro e pensarão "mas que frescura, pra quê falar de racismo?" Outros até lerão o livro com o fim último de criticá-lo, classificando-o como "vitimismo". Não importa o quanto eu me esforce para demonstrar que de fato o que estou

---

[5] Esau McCaulley, *Reading while black* (Illinois: InterVasity Press, 2020), p. 41 [no Brasil: *Uma leitura negra: interpretação bíblica como exercício de esperança* (São Paulo: Mundo Cristão, 2021)].

dizendo é um resultado fático, há os que simplesmente dizem: "não sou responsável por você, não quero saber o que você tem a dizer!" E me darão as costas.

O funcionamento da mentalidade de Caim é a indiferença e o desprezo com respeito à dor do próximo. De certa maneira, todos nós nos portamos como Caim, em algum espectro, no sentido que muitas vezes ignoramos problemáticas que temos competência e instrumentos para resolver. Fingimos não ver o nosso próximo. É sempre mais cômodo pensarmos em nós e nossas necessidades do que agirmos como Jesus, que, mesmo sendo Deus, a si mesmo se esvaziou a fim de servir a humanidade (Filipenses 2.6). É fácil sempre falar de compaixão e amor, mas é um desafio sempre agir com compaixão e amor. Como diz uma parte da música *Ensimesmo*, de Ana Heloysa: "O transcender de si é se esquecer quando se lembra de alguém. Ama sem olhar a quem. O transbordar de ti, é o que acontece quando saio de dentro de mim. Mas eu me ensimesmo. Eu me ensimesmo. E perco o que a vida tem de bom para oferecer. Mas eu me ensimesmo. Eu me ensimesmo. Faço o contrário do Deus que a si mesmo se deu para nos salvar".[6] Só conseguiremos viver em plena harmonia e unidade, transcendendo e transbordando de nós mesmos, quando esquecermos de nós mesmos a fim de servir ao outro. Essa é a cosmovisão bíblica do funcionamento comunitário.

Na "Introdução" perguntei se você me vê, se você vê a minha cor e sabe o que ela significa, socialmente falando. Neste capítulo quero lhe perguntar: até quando você está sendo Caim? Até quando

---

[6] Ana Heloysa, "Ensimesmo", disponível em: https://open.spotify.com/album/0Dp1VxXeXE2dqXJN4A4paS?highlight=spotify:track:2Ps1tUqXeSNAjCc-Thi0J7Z.

você está ignorando o meu grito e o grito dos meus? Não estou dizendo que você acredita que toda a minha experiência é "vitimismo", talvez até reconheça que o racismo existe e que os negros sofrem com isso. A minha questão é: o que você tem feito, de forma prática, no combate ao racismo, segundo suas possibilidades, influência e recursos? Se você sabe que deve fazer o bem e não o faz, comete pecado (Tiago 4.17). Se você sabe que deve fazer o bem e não o faz, está agindo como Caim. Há irmãos que têm medo de falar do que Deus fala, e isso é um pecado grave. Falar de — e lutar contra — injustiças e opressão é um chamado a todo o cristão, é a nossa vocação profética. O racista peca ao desprezar o próximo e o omisso peca por ser indiferente à dor do próximo.

UMA PALAVRA SOBRE "LUGAR DE FALA"

Alguns, por causa do conceito de lugar de fala, acabam por se tornar omissos na luta contra o racismo. A filósofa Djamila Ribeiro foi quem mais comentou sobre este termo aqui no Brasil. No livro *O que é lugar de fala?*,[7] ela dá explicações do que vem a ser este termo. Para melhor entendimento, irei dividir essa seção em o que é, e o que não é lugar de falar.

1. O que é lugar de fala

Djamila Ribeiro deixa claro que esse conceito nada tem a ver com silenciamento de grupos sociais, mas tem um objetivo específico de dar voz a grupos subalternos que são desumanizados. O que a autora apresenta é que há grupos na sociedade que sempre escreveram a

---

[7] Djamila Ribeiro, *O que é lugar de fala?* (Belo Horizonte: Letramento, 2017).

história da humanidade a partir de suas perspectivas, e que nem sempre isso contempla, de fato e de forma completa, os acontecimentos históricos. Sua defesa é que os grupos minoritários devem também ter autonomia para explicar a história a partir de suas perspectivas.

2. O que não é lugar de fala

A autora cita o exemplo da herança escravocrata no Brasil, e diz que pessoas negras são objetos da opressão, e pessoas brancas se beneficiam dessa opressão. Nas palavras dela: "logo, ambos os grupos podem e devem discutir essas questões, mas falarão de lugares distintos".

Djamila diz que lugar de fala absolutamente não tem a ver com uma visão essencialidade de que somente o negro pode falar sobre racismo, por exemplo", e que "não pode haver a desresponsabilização do sujeito do poder"! O que não pode é, segundo a autora, alguém falar a partir do *"locus* social" (lugar social) do outro. É necessário que todos tenham voz e possam contar suas experiências a partir de suas vivências.

Quando se fala sobre lugar de fala, há os que veem o termo de forma negativa, como algo cunhado para silenciar pessoas, e não sabem como lidar com isso. E, de fato, o conceito é usado muitas vezes, por alguns militantes, com o fim de silenciamento mesmo. Estes que agem assim estão errados, pois o termo não propõe o silenciamento de ninguém. Há apenas uma positiva e intencional lembrança de que todos devem ter voz e não um monólogo ao contar como a sociedade funciona.

Não existe opção de silenciamento quando injustiças estão ocorrendo, e o termo "lugar de fala" não deve ser usado como álibi para a negligência. Trouxe o conceito do lugar de fala aqui neste capítulo com o intuito de ressaltar que não é somente o negro contra o racismo, mas a sociedade toda contra esse mal. E mais: acredito que na carruagem chefe de combate às injustiças e opressões da era presente, a igreja deveria ser a voz mais intencional, intensa e propositiva.

VIDAS NEGRAS IMPORTAM

Não poderia deixar de falar do grito "vidas negras importam", um clamor que assusta os "Cains", já estes acreditam no justo oposto dessa máxima. O movimento Black Lives Matter (BLM) foi criado em 2013, na intenção de combater o racismo e violência antinegros.[8] A causa é nobre, e muitos cristãos participam dos protestos do movimento, sem necessariamente se filiar ao movimento. Há valores e crenças do movimento BLM que entram em choque com os valores da fé cristã, contudo, participar de uma manifestação justa não significa filiação ao movimento.

Há irmãos que combatem o Black Lives Matter, na verdade, demonizam esse movimento. Esses irmãos se opõem abertamente ao movimento e à causa defendida por eles. Eu acredito que a igreja precisa fazer uma séria autoavaliação se quiser continuar sendo relevante na sociedade. O que acontece é:

1. Há um discurso combativo a movimentos criados por não cristãos;
2. Não há uma resposta às causas justas que esses movimentos se propõem a combater.

---

[8] Disponível em: https://blacklivesmatter.com/about/.

Contudo, combater alguém que está tentando fazer algo, sem apresentar uma solução viável — a um problema real — é hipocrisia. Explico:

a. Não se pode esperar atitudes cristãs de não cristãos. Não podemos esperar que movimentos criados por não cristãos sigam a ética e moralidade cristãs. Se queremos um movimento cristão, precisamos fazer um.
b. Quando há uma injustiça acontecendo e você finge que nada vê, você se torna conivente. E omissão é pecado. Você deverá prestar contas a Deus. Jesus irá lhe perguntar o porquê de quando você pôde estender a mão a um de seus pequeninos e não o fez.

Martin Luther King já alertava, em seu tempo, que: "Se a igreja hoje não retomar o sacrifício espiritual da Igreja Primitiva, irá perder sua autenticidade, perderá a lealdade de milhões e será destituída como um clube social irrelevante com nenhuma importância para o século 20".[9] É necessária uma posição ativa e resolutiva da igreja frente às injustiças e problemas da cultura e não apenas uma posição reativa e combativa — é necessária uma conexão missional. As posições político-partidárias não devem ser um empecilho para se enxergar a realidade dos acontecimentos e propor soluções aos problemas. A igreja, e sua ação no mundo, deve ser direcionada pelos ensinos de Cristo e não pelos ensinos de espectros políticos, sejam eles quais forem.

[9] Martin Luther King, *Por que não podemos esperar* (São Paulo: Faro Editorial, 2020), p. 102.

Vidas negras importam porque Cristo disse, e não porque um movimento social disse. E, com franqueza, preciso dizer mais uma coisa. É irracional falar "todas as vidas importam" em contrapartida a "vidas negras importam". O grito "vidas negras importam" é para o despertamento de uma sociedade surda e que invisibiliza pessoas negras, para que entendam, valorizem e deem dignidade às vidas negras tanto quanto já dão às vidas brancas. O grito não é "somente vidas negras importam". Quem não entende a discriminação positiva deste grito tem dificuldades em interpretar como nossa sociedade funciona. Ou, conscientemente, decide ignorar a forma de funcionamento de nossa sociedade.

Em um mundo que exalta o individualismo e a vivência para seus próprios desejos e prazeres, o mito de Narciso é muito representativo da realidade. O Narciso é o nosso mundo. O Narciso viu a sua imagem e se apaixonou por ela. Nós estamos procurando ver as nossas imagens e estamos nos apaixonando de uma forma nociva e egocêntrica por nós mesmos. Frases auto afirmativas por toda a parte. Evangelho sendo reduzido a mero humanismo. É neste mundo Narciso que nossos Cains são alimentados e formados. É o individualismo e egocentrismo que faz com que a dor do outro não lhe toque, não lhe mova. Enquanto agir como Caim for mais importante que agir como o Bom Samaritano, haverá uma falha no alvo do combate das injustiças sociais e raciais que estão em nossa cultura.

O homem perde a noção de que é pó, expulsa Deus do trono do universo e põe a si próprio ali, por achar que deve ser assim. Toda a criatura trazida à existência pelo Deus Criador exerce a sua vocação louvando-o, apenas o ser humano que insiste em louvar a si próprio por causa de seus feitos. Contudo, a vida narcisista não deveria ser uma opção para aquele que negou a si próprio para viver a vida de outro, a saber, Cristo Jesus. Se queremos dar a glória que Deus merece, precisamos viver uma vida de abnegação e serviço voluntário do outro. O evangelho nos chama para renunciar o nosso eu, e não para nutri-lo. O evangelho nos chama a agir como Cristo e não como Caim.

PRÓ-VIDA: DESDE O VENTRE ATÉ O TÚMULO

Muitos Cains ignoram a causa dos negros, mas ainda assim afirmam a si mesmos como "pró-vida". A defesa da sacralidade da vida faz parte dos princípios cristãos, tendo em vista que todos são imagem e semelhança de Deus (Gênesis 1.27), todos tem valor. A visão bíblica é pró-vida, uma defesa clara à santidade da existência. Contudo, ser pró-vida, biblicamente, não tem a ver somente com ser contra o aborto. Abrange também o ser contra o conceito maligno de matança das crianças ainda no ventre, contudo, não é restrito somente a isso.

O *rapper* americano Lecrae disse que ser cristão diz respeito a ser: "anti-racismo, pró-vida do ventre ao túmulo, [ter] cuidado com os marginalizados, [considerar o] nacionalismo anticristão, [estar do] lado antiabuso do poder."[10] Logo, perceba que a visão bíblica de ser pró-vida diz respeito à defesa da vida em todos os compartimentos da existência, observando-se desde a primeira casa do ser humano, o ventre, até a sua última estadia, o túmulo. E nessa defesa da vida, deve-se ter uma postura ativa e resolutiva em garantir todos os direitos humanos.

Há uma importante fala de Esau McCaulley, quando ele diz: "Eu também sou pró-vida, mas minha pró-vida não pode ser usada

---

[10] Disponível em: https://twitter.com/lecrae/status/1351910852841103365.

como arma contra o sofrimento do meu povo".[11] O que o Esau está levando em consideração é as tensões étnico-raciais, que devem também serem levadas em conta na decisão pela vida. Os que dizem que são pró-vida e escolhem deliberadamente ignorar os sofrimentos do povo negro não são pela vida verdadeiramente. Como disse o dr. Anthony Bradley, "ser pró-vida também deve significar proteger as crianças de predadores sexuais, abuso e agressão e não usar o acesso a populações vulneráveis como um porto seguro para molestar as almas de crianças e alunos; e, em seguida, conspirando para encobri-lo para proteger a instituição."[12] A missão e a visão do cristianismo é sempre em grau superior de moralidade.

Ser pró-vida é se preocupar com as crianças ainda no ventre, mas é também se preocupar com os que já nasceram. Ser pró-vida é se preocupar com os vulneráveis, com os pobres, é lutar contra o racismo, contra o machismo, contra os vícios morais que prejudicam a sociedade. Ser pró-vida é chorar com os que choram, é ter compaixão com os que sofrem. Não podemos aceitar a visão míope e reduzida que é explanada sobre o que é ser pró-vida.

Isso significa que, se você é pró-vida apenas quando lhe convém, então você não é pró-vida. Se você é pró-vida apenas quando são pessoas ricas sendo mortas e injustiçadas, então você não é pró-vida. Se você é pró-vida apenas quando são vidas dentro da barriga sendo mortas, mas não se importa com as "balas perdidas" que matam todos os dias, então você não é pró-vida. Se você é pró-vida, mas as

---

[11] "Spiritual Revolutionaries in an Age of Despair". Disponível em: https://www.christianitytoday.com/ct/2019/january-web-only/spiritual-revolutionaries-a- ge-of-despair-anna-simeon.html.

[12] Disponível em: https://twitter.com/drantbradley/status/1020719453007482880.

situações de subalternidade que colocam pessoas em situações sub-humanas não lhe causam indignação, então você não é pró-vida. Os cristãos, por crerem na dignidade humana, deveriam ser os primeiros a levantarem suas vozes em favor dos que são diariamente pisoteados nessa sociedade. A se indignarem e se moverem. É preciso parar de associar a responsabilidade social cristã — de denunciar injustiças e problemas em nossos tempos e propor soluções práticas aos conflitos e às tensões — ao progressismo ou ao comunismo. A santidade da vida é um princípio bíblico, e a indignação seletiva não tem parte no reino de Deus. Esse não é o modo de agir de Jesus.

Se você quer um resumo deste capítulo, ouça a música *Mira Dime Dónde* de Santiago Benavides. Quero finalizar este capítulo com um trecho desta canção:

> Eu quero pensar por mim e quero que você pense por você se poderíamos responder à pergunta que Deus fez a Caim naquele dia do primeiro assassinato, aquele trágico momento que houve sangue naquelas mãos e pôs a esse planeta e a criação inteira em uma cadeia que ainda vivemos de indolência, de violência. E é por isso que a cruz é um símbolo de esperança, porque nela morreu alguém para que outros fossem salvos. O filme, ao contrário da espada de Caim, é Jesus indo à morte para nos fazer reviver. Ser cristão é sobretudo fazer isso pelo outro. A religião pode ser muito bonita e de bom modo, mas com todo respeito é fachada de demônio se não leva ao sacrifício para servir aos outros.[13]

---

[13]Letra completa disponível em: https://www.musixmatch.com/es/letras/Santiago-Benavides/Mira-Dime-D%C3%B3nde. Tradução minha.

CAPÍTULO 6

RAIVA E RESSENTIMENTO:

O SENTIMENTO NATURAL DO FERIDO.

> Naqueles dias, sendo Moisés já homem,
> saiu a seus irmãos e viu os seus labores penosos;
> e viu que certo egípcio espancava um hebreu,
> um do seu povo. Olhou de um e de outro lado, e,
> vendo que não havia ali ninguém, matou o egípcio,
> e o escondeu na areia.
>
> ÊXODO 2:11,12

O povo de Israel estava sendo escravizado pelos egípcios há 400 anos (Gênesis 15.13). Deus levantou um libertador para o seu povo, o Moisés, pois o clamor dos israelitas havia chegado aos ouvidos do Senhor (Êxodo 3.9). Deus escolheu e vocacionou Moisés para libertar o povo israelita das mãos de faraó: "Eu te enviarei a faraó, para que tires o meu povo, os filhos de Israel, do Egito" (Êxodo 3.10). E o Senhor usou Moisés poderosamente nesse propósito, libertando o seu povo, após enviar as dez pragas ao Egito (Êxodo 3.19-22; Êxodo 12.29-33). Isso é um resumão de parte da história dos israelitas. Quero, contudo, neste capítulo, me ater a uma parte anterior ao chamado de Deus para Moisés ser o libertador de Israel. E, para isso, temos de voltar um pouco aos dias do José do Egito.

José, um hebreu (israelita), filho de Jacó, que havia sido vendido ao Egito pelos irmãos enciumados (Gênesis 37), foi comprado por Potifar, comandante da guarda egípcia (Gênesis 39.1), e logo mais foi posto por mordomo da casa do Faraó. José tinha a total confiança de Potifar (Gênesis 39.2-6). Administrou bem a casa de Faraó, mas acabou por sofrer uma injustiça e com isso foi preso (Gênesis 39.7-23). Em um dado momento, Faraó teve um sonho, o qual foi interpretado por José. Contudo, José não forneceu apenas o significado do sonho, ele também deu sábios conselhos a respeito do que haveria de ocorrer. E por causa disso, José foi constituído governador do Egito (Gênesis 41).

José foi frutífero em sua gestão do Egito (Gênesis 47.13-26)[1] e teve a bênção de Faraó. José habitou no Egito por 110 anos (Gênesis 50.22), foi embalsamado e posto em um caixão egípcio (Gênesis 50.26). Passou-se a geração de José (Êxodo 1.6) e levantou-se um novo rei sobre o Egito, que tinha por nome Amósis I, segundo o *Comentário bíblico de Genebra*. Esse Faraó não conhecera José (Êxodo 1.8) e temeu o povo de Israel, pois, como ele mesmo disse: "este povo é mais numeroso e mais forte do que nós" (Êxodo 1.9). É desse temor pela quantidade dos filhos de Jacó, os israelitas, que o rei Amósis I teve a genial ideia de escravizar os hebreus (Êxodo 1.10-11). Contudo, apesar das aflições, os israelitas permaneciam se multiplicando (Êxodo 1.12), e o texto bíblico diz que os egípcios, com tirania, "fizeram amargar a vida com dura servidão, em barro, e em tijolos, e com todo o trabalho no campo; com todo o serviço em que a tirania os serviam" (Êxodo 1.13,14).

E tem mais: além da ideia de escravizar os israelitas, o rei Amósis I resolveu matar os filhos bebês homens dos hebreus. Disse ele às parteiras hebreias: "quando servirdes de parteiras às hebreias, examinai: se for filho, matai-o; mas, se for filha, que viva" (Êxodo 1.16). Uma amostra de como o poder totalitário funciona. E é nesse contexto que nasce o menino Moisés. Anrão e Joquebede tiveram um filho nesse período de massacre aos bebês meninos hebreus.

---

[1]Ignoro intencionalmente aqui as controvérsias da administração de José, de ser ou não explorador, pois não é o foco do capítulo.

Joquebede foi corajosa e decidiu esconder o seu filho por três meses (Êxodo 2.3) e quando não o pôde mais esconder se filho, pôs o menino em uma cesta e o colocou em um rio. A irmã do bebê ficou de longe observando o que haveria de acontecer ao seu irmão (Êxodo 2.3-4). O cesto foi visto pela filha de Faraó, que mandou suas criadas apanharem o objeto para ver o que tinha dentro. Vendo a criança, a filha de Faraó disse: "este é menino dos hebreus" (Êxodo 2.6). Nesse momento, Midiã, a irmã do bebê, ofereceu ajuda à filha de Faraó, dizendo que poderia chamar uma hebreia para que fosse a "ama", cuidadora, do bebê, e criasse a criança para ela. Midiã chamou Joquebede, a própria mãe de Moisés, e Joquebede recebeu salário para poder criar seu próprio filho (Êxodo 2.7-9).

Quando Moisés ficou mais crescido, Joquebede teve de levá-lo à filha de Faraó, e Moisés passou a ser filho da filha de Faraó (Êxodo 2.10). Ele viveu nas regalias do palácio do Egito, todavia, quando estava com seus 40 anos (Atos 7.23), ele começou a se identificar com o seu povo, os israelitas (Hebreus 11.2,25), e isso resultou na consciência das condições de sofrimento e dor dos hebreus escravizados. O texto bíblico conta que Moisés, ao ver um israelita ser espancado por um egípcio, olhou em volta e, vendo que não havia ninguém por perto, matou o egípcio e escondeu seu corpo na areia (Êxodo 2.11,12). Obviamente, você pode imaginar que isso não pegou bem para Moisés: Faraó o procurou para matá-lo e, por isso, Moisés precisou fugir do Egito (Êxodo 2.15).

Êxodo 2.11,12 é surpreendente. Perceba que Moisés, ao se tornar consciente da servidão, da condição precária e subalterna do seu povo, tomou uma atitude desesperada e justiceira: matou o opressor que estava batendo no seu irmão israelita. Essa é uma história bíblica. É a história do Moisés, um homem importante na Bíblia, um servo importante de Deus.

Comecei esse capítulo expondo essa história para mostrar que a raiva e o ressentimento são sentimentos naturais daquele que é consciente da opressão e injustiça pela qual alguém passa. Como disse Martin Luther King, "pessoas oprimidas não podem permanecer oprimidas para sempre. O anseio pela liberdade eventualmente se manifesta por si mesmo".[2] E quando esse grito pela liberdade não é atendido, a frustração e a raiva tomam conta. Agora, o que essa raiva e ressentimento irão trazer, qual a ação iminente, ou seja, deve-se fazer justiça com as próprias mãos ou não, são outros quinhentos.

O NEGRO CONSCIENTE E SUA RAIVA

Compartilhei com você, na "Introdução", que nasci em um país africano e, ao vir ao Brasil, gradualmente fui me tornando consciente das questões dos preconceitos e da discriminação. Por muito tempo tive minha autoimagem destruída ou distorcida por causa de questões raciais, por ver como eu e minha gente somos tratados. Enxergar a mim da forma que Deus diz e não como a sociedade preconceituosa diz é um desafio diário. E mais: não apenas tive a autoimagem destruída, mas sentia — e sinto — uma raiva, dos brancos especificamente, pelas situações diárias preconceituosas que vivo e que vejo meu povo viver, seja a partir de relatos de amigos e colegas negros, seja por ver os noticiários. A raiva e perturbações decorrentes de como a escravidão racista e o racismo atual é possibilitado

---

[2] Martin Luther King, *Por que não podemos esperar* (São Paulo: Faro Editorial, 2020), p. 98.

sistematicamente são inevitáveis. O processo de cura da raiva, que é uma raiva justa, é longo, gradual e por vezes tempestivo.

O negro consciente cresce com a visão de ser suportado e tolerado apenas, não vivendo a plenitude do que quer dizer ser humano até que comece a desenvolver uma visão sobre si mesmo, para além de suas dores. O peso das injustiças pode interferir diretamente na forma como o injustiçado se vê. E viver pela dor, pelos constrangimentos, é de fato o que faz com que a vida fique mais pesada e difícil de suportar. Não é à toa que o índice de depressão e suicídio entre jovens negros é maior que entre os brancos.[3]

Lembro-me de, certa vez, quando eu ainda era adolescente que estava em uma roda com colegas na igreja, um dos colegas falou: "gente, imagina se Jacira fosse branca?" Essa fala, apesar de ter sido feita há tanto tempo, nunca saiu da minha mente. Uma fala com conceitos racistas, falada por um cristão, nos recintos da igreja, a casa do Senhor, aquele que me criou. Situações como essas somadas às discriminações diárias trazem uma ideia de: "enquanto você for assim (negro), você não vale muita coisa". O racismo é uma violação e escárnio direto à personalidade. E esse escárnio traz ira ao coração que é alvo dele. Esse trauma racial, decorrente das microviolências que sofremos, leva a uma raiva justa.

A respeito da ira justa do negro, quero trazer alguns casos práticos que podem ajudar no entendimento de como a raiva e o ressentimento são sentimentos naturais, já que as situações de desumanização continuam.

---

[3]Disponível em: https://emais.estadao.com.br/noticias/comportamento,-setembro-amarelo-racismo-e-exclusao-social-explicam-alto-indice-de-suicidio-entre-negros-no-pais,70003420170.

CASO	COMO O NEGRO SE SENTE/ VÊ ESSES CASOS
George Floyd (Minnesota, EUA, 2020),[4] que foi morto por um policial branco ajoelhado no pescoço dele. Enquanto a barbárie, em plena luz do dia, acontecia, George suplicava dizendo: "não consigo respirar", o policial continuou pressionando até que o fôlego da vida que Deus deu a Floyd se esvaiu de vez.	Dos casos recentes, acredito que esse foi o mais traumatizante ao negro. O ar de todo o negro foi esvaído por uns segundos juntamente com o Floyd, ao vermos as cenas do vídeo. Sabemos que há um ódio velado a nós. E vê-lo escancarado nos faz pensar: "puxa, há quem me odeia por causa de minha cor. E se essa pessoa tiver a oportunidade, haverá de me pisotear." Esse ato de pisotear, esse ato de remover o fôlego pode acontecer fisicamente ou psicologicamente.
Kathlen Romeu (Rio de Janeiro, 2021),[5] de 24 anos, grávida de 4 meses, que foi atingida por um tiro de fuzil no tórax.	A vida do negro vale menos, e a do negro pobre, menos ainda. A bala perdida pode atingir um periférico a qualquer momento, por causa dos conflitos comunitários. Essa bala pode partir da polícia ou de um bandido. Muitos pretos, pobres e periféricos morrem por "balas perdidas" no Brasil. O negro olha para esse caso e pensa: "Posso ser morto por uma bala perdida também, e isso não levaria as pessoas a lamentarem profundamente pela minha vida. Afinal, é mais um preto morrendo de bala perdida. É um caso normal e rotineiro." Esse caso foi duplamente terrível, pois Kathlen estava grávida. Bebês pretos também não valem muito. O discurso pró-vida muitas vezes não alcança a vida negra preta ainda no ventre.

[4] Disponível em: https://www.bbc.com/portuguese/internacional-52832621.
[5] Disponível em: https://g1.globo.com/rj/rio-de-janeiro/noticia/2021/06/08/protesto-fecha-estrada-grajau-jacarepagua-nos-dois-sentidos.ghtml.

Matheus (São Paulo, 2020),[6] o entregador de aplicativo que sofreu ataques de um branco morador de condomínio, em Valinhos (SP), que apontava para sua própria pele e dizia ao Matheus: "[...] você tem inveja disso aqui!"	Pelo fato de não se ensinar a história dos negros por completo, de ocultar os tempos anteriores ao colonialismo da África, as pessoas acham que o negro não tem orgulho de sua história ou do seu povo, ou mesmo de sua cor. O negro olha para esse caso e pensa: "realmente os brancos acham que nosso povo não tem história ou identidade". Esse caso mexe diretamente com a nossa personalidade. É profundo.
Miguel (Recife, 2020),[7] um garoto de 5 anos, foi deixado aos cuidados da patroa de sua mãe, mas, como não houve verdadeira supervisão, saiu do apartamento, entrou no elevador e por fim caiu do 9º andar.	Viver em um mundo racista traz consequências das mais diversas. E pensar no futuro, em uma família, também é uma preocupação. Mulheres e homens negros pensam em como seus filhos haverão de ser tratados nesse mundo. Esse caso é medonho. Fazer mal ou agir com indiferença a um adulto já é doloroso, e a uma criança então? É duas vezes lastimável.

O que quero dizer é que, olhando esses casos e tantos outros e como são frequentes, uma pessoa branca pensa: "isso é triste, lastimável! Terrível!" Contudo o negro diz: "isso é triste", e mais: "poderia ter sido eu, ou meu pai, ou minha mãe..." A dor se torna nossa, e traz o acontecido imediatamente para perto. E como não

---

[6]Disponível em: https://noticias.uol.com.br/cotidiano/ultimas-noticias/2020/08/07/motoboy-e-alvo-de-ofensas-racistas-voce-nunca-vai-ter-nada-diz--agressor.htm.

[7]Disponível em: https://www.cartacapital.com.br/sociedade/morte-de-menino-que-caiu-do-9o-andar-no-recife-gera-revolta-nas-redes/#:~:text=Miguel%2C%20de%205%20anos%2C%20estava,se%20desequilibrar%20em%20%C3%A1rea%20externa&text=Um%20menino%20de%20apenas%205,de%20Recife%2C%20capital%20de%20Pernambuco.

O ESTIGMA DA COR

poderia ser assim? Se o ocorrido é em decorrência do preconceito de cor, não só pode acontecer com à vítima da situação, mas com qualquer outra pessoa de cor. Olhamos para todos esses casos[8] e ficamos esmagados por dentro. Entender que essa é a sociedade que existe para os negros é entender que é a sociedade que existe para mim, minha família, meus familiares. É a sociedade que existe para os meus futuros filhos, para a próxima geração.

Então, a ira é um sentimento natural. Ninguém vê uma situação de injustiça e se alegra com ela — a não ser que seja o próprio opressor. Ter a identidade distorcida, ter os direitos básicos de liberdade de ir e vir limitados são propulsores de uma raiva justa. Não há problema bíblico em se irar. Deus não tem prazer na injustiça (Salmos 5.4); Deus pede que pratiquemos a justiça (Miqueias 6.8); Deus condena padrões injustos (Deuteronômio 25.13); Deus odeia justificar os atos do perverso (Provérbios 17.15). Pode haver problema, no entanto, nas atitudes posteriores à raiva. Quero apresentar duas formas antagônicas pelas quais uma pessoa negra pode responder às opressões, baseando-me na vida de Malcolm X e Martin Luther King.

MALCOLM X (1925-1965)

Alex Haley é o biógrafo de Malcolm X. Ambos viveram na mesma época, e Alex registrou *A autobiografia de Malcolm X*,[9] uma importante obra da trajetória de vida do Malcolm. Em *O X de Malcolm e*

---

[8] A história do povo negro é também a minha história. E essa minha história dói demais. Às vezes, nós, negros, só precisamos de tempo para chorar. Lamentar pela opressão e pela impunidade. Registro aqui os meus profundos sentimentos à família de cada um dos que perderam seus entes para a injustiça racial.

[9] Alex Haley, *The autobiography of Malcolm X* (EUA: Bellantine Books, 2015).

a questão racial norte-americana,[10] Vladimir Miguel Rodrigues retrata sobre o livro do Alex Haley para falar da história do Malcolm X. Ele diz que a vida de Malcolm X pode ser dividida em três fases cronológicas: (1) A fase inicial e marginal, fase "alienada"; (2) A fase da pregação religiosa e política, a radicalização de Malcolm; (3) A fase moderada do Malcolm, nos dois últimos anos de sua vida (1964 e 1965).

Malcolm X teve membros familiares próximos mortos de forma trágica, assassinados por brancos. O pai do Malcolm X foi assassinado atropelado por um bonde, o corpo dele foi partido ao meio.[11] Essas memórias medonhas talvez possam ajudar a interpretar a fase radical do Malcolm. É nessa fase que irei me deter neste capítulo. Embora, seja bom reforçar, que houve outras fases da vida do Malcolm como já dito — e que nem sempre ele foi radical e há, ainda, coisas positivas a aprender com o Malcolm X.[12]

Malcolm, que viveu uma vida devassa, entregue às drogas e à trapaça, distanciava-se, inicialmente, da consciência racial.[13] Quando foi preso por roubo, ele teve contato pela primeira vez com a religião islâmica. E nisso, seus hábitos alimentares e seu viver mudaram. Contudo, "se, de um lado, ele passava a ter hábitos normais, sem vícios, começa, de outro, a adquirir uma conscientização de sua condição sociorracial."[14]

---

[10]Vladimir Miguel Rodrigues, *O X de Malcolm e a questão racial norte-americana* (São Paulo: Editora Unesp, 2013), e-book.
[11]*The autobiography of Malcolm X*, p. 10.
[12]Por radical quero dizer aquilo que vai de encontro aos ensinos de Jesus e coisas que prejudicam, em algum sentido, o bem e a harmonia comunitária.
[13]*O X de Malcolm e a questão racial norte-americana*.
[14]Ibid.

Reginald é o nome da pessoa que apresentou o islã para Malcolm. Na biografia escrita por Alex Haley, há um capítulo intitulado "Satanás". Esse foi o início da doutrinação do Malcolm, pois ele aprendeu que os brancos eram os demônios. Segundo Reginald, deus teria vindo à América em formato de um homem negro chamado Elijah.[15] Malcolm disse que não sabia o que pensar a respeito dessa informação que o Reginald o estava apresentando, e apenas ouvia.

Reginald continuou dizendo que da mesma forma que deus é um homem, o Elijah, "o diabo é também um homem". E a isso Malcolm respondeu: "o que você quer dizer?". Reginald fez um leve movimento com a cabeça apontando os presos brancos e seus visitantes do outro lado da sala onde estavam e disse: "Eles. Os brancos são os demônios." Malcolm lhe perguntou: "sem nenhuma exceção?" Ao que Reginald responde: "sem nenhuma exceção".[16] Essa crença era baseada em como os brancos escravizaram os negros, e no funcionamento do separatismo americano, que ocorria na época de Malcolm X, em virtude do racismo antinegro.

Vladimir Rodrigues, comentando sobre essa conversa entre Malcolm e Reginald, diz: "a partir desse momento, Malcolm passou a odiar os brancos, fossem eles ricos, pobres, membros do governo ou não. Converteu-se à Nação do Islã e passou a adotar o discurso dessa entidade como o seu modo de vida".[17] É aqui se inicia a fase radical do Malcolm: os brancos tornaram-se demônios para ele, e a Nação do Islã se tornou seu grupo identitário, político e filosófico. Malcolm X acreditou em todas as narrativas

---

[15] *The autobiography of Malcolm X*, p. 162.
[16] Ibid.
[17] *O X de Malcolm e a questão racial norte-americana*, e-book.

que a Nação do Islã lhe contava. A visão de Malcolm era, nesse período, nas palavras dele:

> O verdadeiro conhecimento, aqui reconstituído muito mais sucintamente do que me foi explicado, era o de que a história havia sido "embranquecida" nos livros de história do homem branco e que o homem preto sofrera "uma lavagem cerebral por centenas de anos". O Homem original era preto, no continente africano chamado África, onde a raça humana surgira no Planeta Terra. O homem preto, o original, construíra grandes impérios, civilizações e culturas, enquanto o homem branco ainda estava vivendo de quatro em cavernas. "O demônio do homem branco", ao longo da história, movido por sua natureza demoníaca, saqueara, assassinara, violentara e explorara todas as raças de homens que não a branca. O maior crime da história humana era o tráfico de carne preta, quando o demônio branco fora para a África, assassinara, sequestrara, a fim de levar para o Ocidente, acorrentados em navios negreiros, milhões de homens, mulheres e crianças pretos, que eram tratados, espancados e torturados como escravos. O demônio homem branco isolava os pretos de todo e qualquer conhecimento de sua própria espécie, de todo e qualquer conhecimento sobre sua própria língua, religião e cultura passada, até que o homem preto na América se tornara a única raça da terra que não tinha absolutamente nenhum conhecimento de sua verdadeira identidade. Em uma geração, as mulheres pretas escravas na América haviam sido estupradas pelo homem branco escravista, até que começara a emergir uma raça doméstica, criada pelo homem branco, submetida a uma lavagem cerebral,

que nem mesmo era mais de sua verdadeira cor, que nem mesmo sabia mais seus verdadeiros nomes de família.[18]

Malcolm X, ao se tornar consciente da história dos negros, radicalizou-se. Nessa visão dele de mundo, moldado pela Nação do Islã, há coisas exageradas, radicais, e há coisas importantes. Acredito que uma contribuição positiva do Malcolm X tem a ver com a posição dele de rejeitar a "lavagem cerebral por centenas de anos" racista, nas palavras dele, de como o preto sempre foi visto. A mensagem de encorajamento e o voltar-se de forma positiva para o amar a identidade do povo negro é uma contribuição muito positiva do Malcolm X. Ele merece receber essa honra e merece ser ouvido, apesar de seus radicalismos.

Algo curioso na vida de Malcolm é que ele aceitou as ideias do Nação do Islã sem pestanejar ou refletir profundamente. Em seus discursos e pregações, ele repetia as palavras do Elijah Muhammad, o profeta, o deus. E ele foi instruído diretamente pelo Elijah:

> As palavras pronunciadas por Elijah ressoavam pela voz de Malcolm em todos os lugares em que fosse professar a fé islâmica. Isso nos mostra que, embora Malcolm tivesse deixado de ser uma pessoa alienada, dominada pelas drogas, tornou-se novamente, neste estágio de religiosidade radical, uma pessoa dominada, mas agora por Elijah Muhammad e pela Nação do Islã, a qual lhe impôs um modo de vida e uma nova forma de expressar.[19]

---

[18] *The autobiography of Malcolm X*, p. 165-6.
[19] Ibid.

Agora, apesar de sua alienação com todas as ideias da Nação de Islã, Malcolm foi um grande líder e pregador da mensagem do islã, convertendo muitos negros a esse movimento. Ele era odiado pela imprensa por causa de seu estilo radical por chamar os brancos de demônios.[20] Certa feita, Malcolm foi entrevistado em um *talk show*, e perguntaram: "Sr. Malcolm X, por que você prega a supremacia negra e o ódio?" Ao que ele respondeu:

> O homem branco culpado, de duas caras, não consegue determinar o que ele quer. Nossos antepassados escravos teriam sido executados se defendessem a suposta "integração" com o homem branco. Agora, quando o sr. Muhammad prega a "separação", o homem branco nos chama de "pregadores de ódio" e "fascistas" [...] O homem branco perguntar ao homem preto se ele o odeia é a mesma coisa que o estuprador perguntar ao estuprado ou o lobo perguntar ao cordeiro: "você me odeia?" O homem branco não tem moral para acusar ninguém de ódio.[21]

Malcolm entendia o seu ódio como justo e, por isso, o separatismo — alienação entre negros e brancos — seria a melhor solução. O estilo radical de Malcolm X, inspirado no que aprendeu com a Nação do Islã, levou-o a tecer críticas a Martin Luther King e à religião cristã,[22] e também o levou a não permitir que pessoas brancas também participassem com ele da luta contra a segregação. Malcolm queria uma separação entre os negros e os brancos.

---

[20] *The autobiography of Malcolm X*, p. 243.
[21] Ibid., p. 245.
[22] Ibid., p. 246-251.

A vida agitada e controversa do Malcolm, marcada principalmente pela sua fase radical, mostra uma face de como o oprimido pode vir a demonstrar a sua raiva: a partir de uma luta ressentida que o leva a demonizar todos os brancos, sem distinção, e o impulsiona a querer fazer a justiça com as próprias mãos.

MARTIN LUTHER KING JR. (1929-1968)

Em 1 de dezembro de 1955, Rosa Parks, uma mulher negra, recusou-se a ceder o lugar para um homem branco no ônibus. Nessa época imperavam as leis segregacionistas, as leis Jim Crow, pelas quais, se um negro não cedesse o lugar, haveria de ser preso — o que de fato ocorreu à Parks.[23] O fato de Parks ser presa por não ter cedido o banco do ônibus desencadeou uma série de boicotes organizados pelos negros aos transportes públicos de Montgomery. O objetivo, segundo os líderes desses movimentos, era "deixar claro para os brancos que não vamos [os negros] mais aceitar essa espécie de tratamento [segregação]".[24]

O movimento do reverendo King pelos direitos civis começa em Montgomery, e, desde o início, era pautado por valores cristãos. Nas palavras de King,

> Desde o início, uma filosofia básica orientou o movimento. Esse princípio orientador tem sido referido de diversas formas: resistência não violenta, não cooperação ou resistência passiva. Mas nos primeiros dias do protesto, nenhuma dessas expressões foi

---

[23] Martin Luther King, *A autobiografia de Martin Luther King*, Clayborne Carson, org. (Rio de Janeiro: Zahar, 2014), p. 69.
[24] Ibid., p. 71.

mencionada; a que mais se ouvia era "amor cristão". Foi o sermão da Montanha, mais que uma doutrina da resistência passiva, que inspirou inicialmente os negros de Montgomery a uma ação social grandiosa. Foi Jesus de Nazaré que estimulou os negros a protestarem com a arma criativa do amor.[25]

King, como pastor e conhecedor das Escrituras, tinha por base principal os ensinos de Jesus para o combate à segregação, às injustiças e à opressão sofridas pelos negros na época das leis Jim Crow. A resistência não violenta, e o "revestir-se das armas do amor", como o próprio King falava, era a forma de lutar pelos direitos dos negros. Jonathan Silveira, em seu brilhante artigo intitulado "Um resumo da vida e pensamento de Martin Luther King e por que ele é importante hoje", diz que outras duas pessoas importantes para a construção da filosofia de resistência não violenta de King foram Henry David Thoreau, que lhe ensinou sobre a "desobediência civil", e Mahatma Gandhi, que libertou os indianos de suas opressões valendo-se da moralidade e ética de Jesus.[26]

Outra coisa interessante é que, nos treinamentos para os voluntários dos movimentos que King organizava, cantavam-se hinos cristãos e lia-se a palavra de Deus, a fim de serem relembrados da forma como Cristo respondia a seus inimigos.[27] Além disso, para participar dos atos, os voluntários precisam assinar um termo de compromisso

---

[25]Ibid., p. 88.
[26]Disponível:https://tuporem.org.br/um-resumo-da-vida-trajetoria-e-pensamento-de-martin-luther-king-e-por-que-ele-e-importante-hoje/.
[27]Martin Luther King, *Por que não podemos esperar* (São Paulo: Faro Editorial, 2020), p. 72-4.

no qual se comprometiam, entre outras coisas, a meditar diariamente nos ensinos de Jesus e a se portar de maneira pacífica.[28]

É notável que a não-violência e o buscar parecer e agir como Jesus, cheio de misericórdia mesmo para com os inimigos, era um princípio, o *ethos* que guiou todo o pensamento de Martin Luther King e dos movimentos pelos direitos civis. Não surpreende o fato de que Malcolm X tenha tecido críticas a King — e este a Malcolm X. King dizia dos movimentos de Malcolm e seus parceiros: "sempre achei que nunca entenderam o que eu dizia. Não perceberam que há uma grande diferença entre não resistir ao mal e resistir de forma não violenta. É claro que não estou dizendo para vocês se sentarem e aceitarem pacientemente a injustiça".[29]

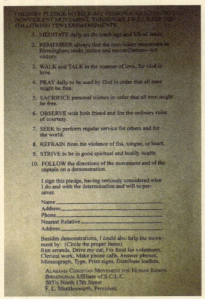

MLK commitment card

King entendia que o "ódio é um fardo pesado demais", e por isso lutava com as armas do amor.

Sobre a Nação do Islã, King dizia que "os muçulmanos negros, convencidos de que uma sociedade inter-racial prometia apenas tragédia e frustração para os negros, começaram a estimular uma

---

[28] Uma imagem desse formulário está disponível em: http://www.loveoutloudws.com/union-blog/2019/2/14/mlk-commitment-card.
[29] *A autobiografia de Martin Luther King*, p. 316.

separação permanente das raças" e tratava essa doutrina como pessimista e amargurada.[30] Sobre Malcolm X, King disse: "creio que devemos entender que Malcolm X foi uma vítima do desespero gerado em função de uma sociedade que incute em muitos negros o senso de 'ser ninguém'".[31] King deixou claro várias vezes que discordava dos métodos de Malcolm X, mas ainda assim também dizia que o negro americano não deveria destruir suas lideranças. Assim, King nutria um respeito por Malcolm, mesmo discordando de sua forma de lutar.

Contudo, veja que curioso, apesar de Martin Luther King lutar contra a segregação e contra o racismo à luz dos ensinos de Cristo, ele foi criticado por pastores brancos de sua época, e também foi chamado de comunista e radical.[32] King disse algo pertinente, em resposta às críticas, que acredito que os que se importam com a causa dos negros precisam notar. Ele disse que necessitava lutar pelos direitos negros, pois "a liberdade nunca é dada voluntariamente pelo opressor; ela deve ser exigida pelos oprimidos", e ainda: "lamentavelmente, é um fato histórico que grupos privilegiados raramente desistem de seus privilégios voluntariamente. Indivíduos podem ver a luz moral e desistir voluntariamente de sua postura injusta, mas, como Reinhold Niebuhr nos lembrou, os grupos tendem a ser mais imorais do que os indivíduos".[33] Havia uma razão para que King continuasse sua luta pelos direitos civis: se não houvesse pressão, as injustiças não haveriam de desaparecer.

---

[30] *Por que não podemos esperar*, p. 43.
[31] Ibid., p. 317.
[32] Ibid., p. 99.
[33] Ibid., p. 91.

Aqui vimos a vida de um homem que, totalmente consciente da história e da posição socioeconômica do povo negro, lutou em prol dos direitos civis dos pretos. A forma, no entanto, dessa luta, foi completamente pautada no amor, unidade e harmonia, e na não violência ou separatismo. King também tinha da raiva que o negro sente quando vê-se injustiçado, mas resolveu romper com o ciclo de violência respondendo ao separatismo e à violência e brutalidade policial ao negro com as armas da unidade e reconciliação, com as armas do evangelho.

"FOGO NOS RACISTAS" É A SOLUÇÃO?

Os exemplos opostos na forma de lutar de Martin Luther King Jr. e de Malcolm X, em sua fase radical, demonstram a diversidade de pensamento das pessoas negras. Gosto do que o King fala de que "os negros são humanos, não super-humanos".[34] Ele explica que, assim como é fácil perceber e admitir variedade de pensamentos e visões entre as pessoas brancas, nós negros — por sermos grupo oprimido —somos tratados como um grupo homogêneo, como se fôssemos uma mente só, desconsiderando as variedades de experiências e as individualidades de pensamentos. King continua dizendo:

> Como todas as pessoas, eles [os negros] têm personalidades diferentes, interesses financeiros diversos e aspirações variadas. Há negros que nunca irão lutar pela liberdade. Há negros que buscarão lucrar sozinhos com a luta. Há até alguns negros que irão cooperar com seus opressores. Esses fatos não devem afligir ninguém. Cada minoria e cada povo têm sua parcela de oportunistas, aproveitadores,

---
[34] Ibid., p. 52.

exploradores e escapistas. O martelo que golpeia discriminação, pobreza e segregação deve deformar e corromper alguns. Ninguém pode fingir que, porque um povo é oprimido, cada indivíduo é virtuoso e digno. A questão real é se as características dominantes na grande massa são decência, honra e coragem.[35]

King não apenas humaniza os negros, mostrando a variedade de pensamentos e posicionamentos, como também revela o óbvio que muitas vezes é esquecido: não é por que se está no grupo oprimido que se é virtuoso e digno. O *modus operandi* da militância como um fim em si mesma pode revelar muito bem isso, como vimos na fase radial do Malcolm X, e como também podemos perceber em alguns movimentos negros da atualidade.

Na música *Olho de Tigre* do rapper brasileiro Djonga, ele denuncia a situação subalterna do negro e faz crítica aos problemas sociais da sociedade brasileira. Em determinado momento do refrão da música, ele diz: "Fogo nos racista (*sic*)". Essa frase correu os discursos antirracismo tornando-se lema de uns. Acredito, e repito, que o grito vem de um problema real e de uma raiva justa. Contudo, entendo que "fogo nos racistas", de modo figurado, alimenta ressentimentos e rancores; e, em sentido literal, fomenta um novo ciclo de violência. Estamos, de fato, cansados do racismo e de não haver respostas jurídicas eficazes, estamos cansados da impunidade. E fazer justiça com as próprias mãos pode ser a solução mais fácil e rápida. Mas, aos cristãos, a Bíblia continua dizendo: "a ira do homem não produz justiça divina"! (Tiago 1.20).

---
[35] Ibid.

Os seres humanos desesperados e cansados com a desordem natural na humanidade, que diariamente se amplia, procuram formas de consertar o que há de errado no mundo para o estabelecimento da ordem cosmológica novamente. Essas lutas pelo estabelecimento da justiça e equidade têm por ponto de partida os entendimentos de mundo daqueles que se recusam a se acomodar com as circunstâncias. Contudo, apesar do longo e árduo esforço, não há melhoras significativas, a desordem permanece. Seguramente, isso revela que é preciso uma ajuda exterior à humanidade. Estou dizendo que o estabelecimento da ordem do cosmos não vem (não virá) da criatura criada.

A militância — e aqui neste momento uso o termo sem as conotações partidárias, mas como o ato de defender uma causa — que procura estabelecer a justiça, em si não é um problema, e a busca pela justiça social também não é um problema em si mesma. O ponto cego pode advir quando a militância se torna um fim em si mesma. Ou seja, os meios para se alcançar o fim último (a justiça) não são considerados. Quando a moralidade e a ética são esquecidas, e considerando que há um perigo para quem sofreu uma agressão em ver sua dor em absolutamente tudo, a luta acaba se tornando desonesta e o debate, infantilizado.

Contudo, perceba que existir militantes radicais na luta antirracismo não aniquila o fato de que o problema de fato exista. Não se deve sair de um extremo para o outro. Por vezes, denuncia-se os militantes extremados anulando a causa da luta contra o racismo como um todo e isso está errado também. À vista disso, como ter um pensamento profundamente comprometido com a justiça, sem deixar de ser honesto enquanto se procura a justiça social? Entendendo que o Criador não está perdido com a desordem do cosmos, na verdade, ele permanece governando tudo e ele próprio sabe a forma correta de estabelecer a ordem moral e social, findando-se o ciclo de violência. Lutar pela promoção da justiça social, conjuntamente associado com uma compaixão profunda e tendo como norteador o equilíbrio e o uso da razão.

Não, "fogo nos racistas" e o radicalismo dos discursos e ações, ao propor soluções a partir da raiva e ressentimento justo que sentimos, não é a melhor das soluções aos problemas dos negros. A letargia e indiferença com relação à condição dos negros, como vimos no capítulo anterior, também não é a solução. A solução está em uma vida cruciforme, que considera como válida a dor e as agonias que os negros sofrem, que se levanta contra as injustiças e que tem uma esperança escatológica que um dia o sol da justiça há de brilhar e consertar todo o caos e bagunça do tempo presente. Como disse o Esau McCaulley:

> O profundo ato de misericórdia nos dá os recursos teológicos para perdoar. Nós perdoamos porque fomos perdoados. É apenas olhando para nossos inimigos através das lentes da cruz que podemos começar a imaginar o perdão necessário para a comunidade. O que os cristãos negros fazem com a raiva justa que sentimos? Nós a enviamos para a cruz de Cristo.[36]

---

[36] Esau McCaulley, *Reading while black* (Illinois: InterVasity Press, 2020), p. 131 [no Brasil: *Uma leitura negra: interpretação bíblica como exercício de esperança* (São Paulo: Mundo Cristão, 2021)].

PANTERA NEGRA & KILLMONGER

Pantera Negra é o meu herói favorito dos filmes. Nessa seção quero trazer o mesmo antagonismo entre Malcolm X e Martin Luther King, mas dessa vez entre dois personagens importantes e contrastantes desse filme. O filme *Pantera Negra*, lançado em 2018, mostra a vida de T'Chala, o príncipe da nação africana Wakanda, um país abundantemente rico, graças ao vibranium, um tipo de metal que lhes permite desenvolver tecnologias de primeira. Por ocasião da morte de T'Chaka, o pai do T'Chala, o príncipe agora se torna rei de Wakanda e também Pantera Negra, o guerreiro protetor de Wakanda.

Há outro personagem, o Killmonger, filho do irmão de T'Chaka. Killmonger nasceu e viveu nos Estados Unidos, mas era wakandano por causa de seu pai, N'Jobu. Resumindo muito a história, Killmonger queria o trono que o T'Chala estava ocupando em Wakanda, e o desafiou a um combate ritual em que o vencedor ficaria com o reino, combate aceito por T'Chala.

Não irei me delongar em explicações do filme nem no resultado da luta entre T'Chala e Killmonger, até para não dar *spoilers* aos que ainda não assistiram ao filme. O que quero explorar aqui são as intenções de ambos. Esau McCaulley, em seu artigo "What *Black Panther* means for christians" [O que *Pantera Negra* significa para os cristãos]", explica o âmago do filme: "no cerne do filme está a questão: O que aqueles com recursos (os wakandanos) farão em relação ao sofrimento dos negros no mundo? O filme apresenta três respostas: nacionalismo negro violento, nacionalismo negro isolacionista e um nacionalismo engajado que se dirige ao resto do mundo."[37]

---

[37] Disponível em: https://www.christianitytoday.com/ct/2018/february-web-only/black-panther-black-church-mission-christians.html.

O nacionalismo negro violento foi prefigurado por Killmonger, que tinha o ideal de equipar toda gente negra, descendentes de africanos, ao redor do mundo, para subjugação de seus conquistadores brancos. O nacionalismo negro isolacionista foi prefigurado pelo Pantera Negra no início do filme, pois Wakanda era um reino isolado do resto do mundo, e sua vasta riqueza não era repartida com os necessitados, especialmente o povo negro sofrido dos outros países africanos. E o nacionalismo engajado que se dirige ao resto do mundo acontece no final do filme, onde Pantera Negra entende a necessidade de compartilhar o vibranium com outras nações e de cooperar com o restante do mundo.

O filme demonstra fortemente o antagonismo de ações entre T'Chala, o Pantera Negra, e Killmonger. Enquanto o Pantera Negra buscou corrigir as decisões erradas tomadas pelo seu pai e sempre falava a respeito de perdão, unidade e reconciliação, Killmonger tinha uma raiva justa dentro de si por tudo o que ocorreu às pessoas negras, e queria vingança. Esse filme, que conta com o elenco majoritariamente negro, certamente foi um marco de representatividade para toda a comunidade preta mundial. Pantera Negra é o meu herói favorito não apenas pela representatividade negra, mas pela mensagem que ele prega também: uma mensagem de reconciliação, unidade e comunidade, próprio da minha cultura africana.

É bem legal que nós, negros, temos um herói forte e corajoso, o herói mais forte da Marvel (essa é a minha opinião rs). O que não podemos é dizer que amamos o Pantera Negra enquanto agimos como o Killmonger. Ressentimento, raiva, rancor e toda sorte de amargura todos nós, negros, temos. Contudo, devemos usar toda essa mágoa como mola propulsora para conscientizarmos as pessoas do racismo e injustiças e para agir em prol do nosso povo, encorajando e ajudando uns aos outros com o fim de haver a unidade e não vingança. Como disse Martin Luther King, no seu discurso "Eu tenho um sonho", de 1963

> no processo de conquistar nosso legítimo direito, nós não devemos ser culpados de ações de injustiças. Não vamos satisfazer nossa sede de liberdade bebendo da xícara da amargura e do ódio. Nós sempre temos que conduzir nossa luta num alto nível de dignidade e disciplina. Nós não devemos permitir que nosso criativo protesto se degenere em violência física. Novamente e novamente nós temos que subir às majestosas alturas da reunião da força física com a força de alma.[38]

Não podemos retroceder, como disse King, mas não podemos lutar a partir de discursos que dividem. A nossa justa indignação não deve ser usada como escape para atitudes amorais e antiéticas. Precisamos sempre nos lembrar da virtude e dignidade, assim como o nosso Senhor nos ensinou. E também precisamos de todos na luta contra o racismo, como disse Esau McCaulley em seu brilhante artigo "Preaching against racism is not a distraction from the Gospel" [Pregar contra o racismo não é uma distração ao evangelho]:[39]

---

[38] Disponível em: https://www.brasildefato.com.br/2018/08/28/eu-tenho-um-sonho-ha-55-anos-martin-luther-king-proferia-discurso-historico/.

[39] Quando se prega contra o racismo, muitos irmãos dizem: "pregue somente o evangelho e deixe essas causas". Foi instaurada uma dicotomia entre a mensagem do evangelho e a luta contra as injustiças sociais. Nesse artigo, Esau McCaulley demonstra que lutar contra o racismo não é uma mensagem alheia ao evangelho, mas que a luta contra o racismo deve, precisamente, ser motivada pela crença no evangelho. É um excelente artigo.

O fardo de desconstruir o racismo e a supremacia branca não deve ser responsabilidade exclusiva dos cristãos negros e pardos. Deve pertencer a toda a família de Deus, que é formada por pessoas que creem nas mesmas Escrituras, confessam os mesmos credos e participam do pão comum e do cálice comum.[40]

A impunidade é grande e isso só aumenta a nossa ira. Moisés, com quem começamos esse capítulo, reagiu violentamente à opressão que viu e depois fugiu. Temos o caminho de Moisés, que fez a justiça com as próprias mãos, e o caminho de Cristo, que denunciou, mas também suportou os ultrajes terrenos. O que estou dizendo não é uma suavização do problema profundo que é o racismo. Na verdade, estou ecoando o ensino de Martin Luther King de que "não devemos cair no vale do desespero". Devemos buscar a liberdade e justiça a partir das armas da fraternidade. Não é fácil viver isso. Diariamente, tenho de lembrar a mim mesma que minha raiva é justa, mas que a minha justiça própria é falha. A minha ira não produz a justiça divina (Tiago 1.20), e a sua também não. Levemos a nossa raiva para cruz, levemos a nossa raiva para Jesus. Ele sim sabe como tratá-la, e nos curar de todas as nossas feridas. Deus tem poder para curar a mim e a você.

Neste mundo de trevas, sempre haverá pecado. E cada vez mais e mais, pois os tempos finais hão de ser mais difíceis, segundo a profecia do Senhor Jesus. E é por isso que precisamos nos refugiar em Cristo, se não as frustrações e aflições nos esmagarão até ao ponto de sucumbirmos. Por vezes choraremos, porque a dor nasce no

---

[40]Disponível em: https://www.christianitytoday.com/pastors/2019/august-web-exclusives/racism-preaching-against-not-distraction-from-gospel.html.

coração, aperta a alma e escorre pelos olhos. A situação de subalternidade do povo negro é angustiante mesmo. Mas quero encorajar a que não fiquemos apenas na dor. Somos mais que a nossa dor e o nosso sofrimento.

Há um que nos dá um fardo leve e carrega nossos fardos bem pesados.[41] Em momentos de desconsolo, resgatemos o sentido da perseverança. Há um novo céu e uma nova terra. Lá não haverá choro, tristeza, lamento. E enquanto estamos aqui nesse mundo de pecado, devemos orar, chorar, esperar e agir denunciando, juridicamente e profeticamente, as injustiças; ajudando a quem pudermos e quando pudermos segundo nossas possibilidades.

Chadwick Aaron Boseman (1976-2020) é o nosso eterno Pantera Negra. Morreu repentinamente de câncer e deixou um vácuo insubstituível. Era cristão e falava sobre exercer a vocação com dedicação. Gostaria de homenageá-lo neste capítulo, pois era uma figura fenomenal que realmente faz o coração acreditar que podemos, sim, romper as barreiras do racismo e conquistar aquilo que nossos dons e talentos nos permitam alcançar. Boseman viveu virtuosamente, o que me leva a lembrar que, apesar da raiva que sentimos, podemos, sim, lutar de modo digno e buscando a fraternidade. Ao Boseman, o meu tributo, respeito e reverência. Eu sou uma fã dele e não poderia escrever um livro a respeito do racismo sem mencionar *Pantera Negra*, sem mencionar Chadwick Boseman.

---

[41] Se possível, não deixe de fazer terapia.

Fonte: Wikimedia Commons / Gage Skidmore

Wakanda para sempre.
Chadwick Boseman para sempre.

CAPÍTULO 7

A VIDA MISSIONAL

> Anunciai entre as nações a sua glória,
> entre todos os povos, as suas maravilhas.
> SALMOS 96.3

O relato bíblico começa explicando como o mundo foi criado. Em Gênesis 1 e 2, estava tudo bem, mas ocorreu o Gênesis 3. O que na teologia se chama "doutrina da Queda" diz respeito ao ocorrido no capítulo três do livro de Gênesis. Deus havia dado uma ordem aos seres humanos (Gênesis 2.16,17), a quem Ele havia criado, e essa ordem foi intencionalmente desobedecida (Gênesis 3.6), resultando na expulsão de Adão e Eva do paraíso (Gênesis 3.22,23).

Após a Queda do ser humano, o pecado instaurou-se no mundo. Por "pecado", os cristãos estão falando do vício ou da falha moral, os desvios da moralidade. Ou seja, biblicamente falando, o desvio da moralidade ocorre quando os seres humanos escolhem deliberadamente desobedecer a fonte de toda a moralidade, a saber, o Deus Criador. O Senhor Deus não tem moralidade, ele mesmo é a moralidade. Ele é a fonte de todo caminho reto, justo e virtuoso.

O Criador, sendo ele mesmo perfeito, criou o cosmos de modo perfeito, equilibrado e harmônico. Com a entrada do pecado no mundo, tudo o que havia de harmonioso passou por um desarranjo. O pecado destrói tudo o que há de bom e reto que o Senhor Deus criou; é a antítese da forma como o Senhor atua. E o Senhor não suporta o mal (Habacuque 1.13a).

Por ser assim, o Senhor mesmo prometeu que alguém viria para restaurar a sua criação. Ainda na Queda, o Senhor já havia prometido a cura para a maldade e o vício moral humano. Aquele que haveria de vir esmagaria a cabeça da serpente (Gênesis 3.15), a saber, Satanás (Apocalipse 12.9), destruiria a obra maligna e traria o Reino dos céus para terra (Mateus 6.10), a fim de que houvesse novamente harmonia criacional.

Em outras palavras, após o evento da Queda humana, Deus iniciou um movimento de resgate a fim que o homem retomasse a comunhão com Deus (1Coríntios 1.9). E isso não ocorreu porque Deus tinha necessidade de conversar com os seres humanos e ficaria incompleto sem essa comunhão. Ao contrário, isso ocorreu porque à parte de Deus não existe bem nenhum. O Criador sabia que, se entregasse o cosmos aos cuidados do homem pecador, o vício moral de suas criaturas haveria de destruir por completo a sua criação. Mas também Deus teve a iniciativa de ir buscar a humanidade perdida e rebelde, pois sabia que nunca o buscaríamos primeiro (João 6.44).

As consequências da Queda no ser humano são o distanciamento completo da vida virtuosa, em todas as áreas da vivência humana. É um desregular das relações para com o Criador, uns para com os outros e do ser humano para com a criação de Deus (Provérbios 14.12). Ou seja, houve consequências espirituais (Romanos 3.23), psicológicas (pensamentos reprováveis, Romanos 1.21) e sociais (Gálatas 5.19-21). De acordo com o teólogo Francis Schaeffer:

> Do ponto de vista cristão, todas as alienações que nós encontramos no homem vieram por causa da Queda histórica espaço-temporal do homem. Em primeiro lugar, o homem está separado de Deus; segundo, ele está separado de si mesmo (daí os problemas psicológicos da vida); terceiro, ele está separado dos outros homens (daí os problemas sociológicos da vida); e quarto, ele está

separado da natureza (daí os problemas de viver no mundo — por exemplo, os problemas ecológicos). Tudo isso precisa de cura.[1]

Para destrinchar o problema do racismo, foquei nos desdobramentos da desordem social consequente da Queda. Essa doutrina é de muita importância para entendermos as questões de conflitos étnico-raciais. Perceba que, na Queda do homem, houve dois rompimentos relacionais principais: o relacionamento com o Criador, e o relacionamento do ser humano com seu próximo. Não é por acaso que os dois grandes mandamentos que Cristo ensinou têm a ver com a restauração relacional do que foi perdido na Queda. O que estou dizendo é: da desordem social, instaurada pela Queda do ser humano, vem o ódio de uns pelos outros. É na desordem social que surge todo o potencial do vício moral para que pecados como racismo, preconceito e discriminação aconteçam.

E por que é importante falar disso? Consigo pensar em algumas razões:

1. Em Cristo, somos reconciliados com Deus (Romanos 6.10) e uns com os outros (Efésios 4.4);
2. Segundo o apóstolo Paulo, há a fé, a esperança e o amor, porém o maior deles é o amor (1Coríntios 13.13);
3. O amor não se alegra com a injustiça (1Coríntios 13.6).

Tudo o que causa divisão, tudo o que é injusto, desonra a mensagem de Cristo e a mensagem do evangelho. Portanto, combater

---

[1]Francis A. Schaeffer, *Morte na cidade*, 2. ed. (São Paulo: Cultura Cristã, 2018), p. 58.

o racismo e as injustiças sociais faz parte da pregação do evangelho. Não é um movimento à parte, na verdade está englobado no que o Senhor nos chamou a fazer. A visão missional e teológica holística do evangelho nos levarão, inevitavelmente, a nos preocuparmos com os problemas da nossa cultura, denunciando-os profeticamente e procurando resoluções para eles.

O EXEMPLO DA IGREJA PRIMITIVA

Há duas coisas a aprender com a Igreja Primitiva sobre a vida missional holística. A primeira é que, de fato, eles viviam de modo integral, pregando o evangelho e fazendo boas obras. A segunda é a apologética — feita em amor, com a busca de ganhar o irmão e não com tom acusatório — contra maus ensinos, heresias e contra comportamentos divisórios. Em Atos dos apóstolos, é contado o relato de como a comunidade dos primeiros cristãos viviam. Atos 2.42-47 e Atos 4.32-35 mostram o modo de vivência deles. Segundo o relato bíblico:

1. Eles eram de uma só mente e coração (4.32a);
2. Repartiam o que tinham (2.45; 4.32b);
3. Anunciavam a ressurreição do Senhor (4.33);
4. Não havia necessitados entre eles (4.34,35).

A comunidade da Igreja Primitiva vivia de modo a observar as pessoas em sua integralidade, o espiritual e o físico, pregando a mensagem da salvação e também suprindo as necessidades que havia entre eles. De modo algum a pregação do evangelho deve ser substituída pela ação social. O evangelho deve ser testemunho a todas as nações a partir de nossa fala, pois a fé vem pelo ouvir da Palavra de Deus (Romanos 10.17). A visão holística da missão abarca a visão do apóstolo Tiago de fé e obras (Tiago 2.14-26). Tendo o modelo de vivência da Igreja Primitiva como base para uma vida cristã saudável, pergunto:

1. Por que missões e evangelismo não são o maior investimento de nossas igrejas? Por que a pregação da mensagem da ressurreição de Cristo aos que não o conhecem nem sempre é a principal prioridade de nossas comunidades?
2. Por que a mensagem sobre justiça social e a preocupação com os pobres e vulneráveis incomoda a uns cristãos? Acaso o cuidado dos vulneráveis e o exercício da misericórdia com o próximo não é uma mensagem cristã?
3. Por que nossa teologia é tão distante dos acontecimentos diários de nossas vidas? Porventura a fé cristã não é suficiente para resolver os problemas do cotidiano?

Enquanto a Igreja Primitiva tinha uma só mente e coração, a igreja atual é exaustivamente envolvida em dissensões, brigas, confusões e polarizações. As questões secundárias como partidarismos políticos, ideologias diversas e visões teológicas nos dividem. Enquanto a Igreja Primitiva repartia o que tinha com os despossuídos, a cultura da igreja moderna é a do acúmulo. Basta avaliar quanto, financeiramente falando, é investido na causa dos pobres. Muitos necessitados não são assistidos. E mais: eles, os despossuídos, não se sentem à vontade em certos templos, por causa de sua pompa e por causa da falta de recepção de uns irmãos. Enquanto a Igreja Primitiva anunciava sobre a ressurreição de Cristo, a igreja moderna tem medo de declarar publicamente que segue o Caminho. Parece que se é cristão em fins de semana, mas ao longo da semana torna-se ateu. Enquanto a Igreja Primitiva praticava a fraternidade, a igreja moderna age, muitas vezes, em hostilidade e indiferença ao próximo. Todo o que pensa diferente de mim torna-se meu inimigo, e é necessário destruí-lo.

Agora, é claro que havia problemas na Igreja Primitiva, problemas de alteridade e discriminação inclusive, como vemos em Pedro, que foi repreendido por Paulo (Gálatas 2.11-14). Em Atos 5 conta-se a história do casal Ananias e Safira que, com egoísmo, não queriam dividir tudo de seu dinheiro, e mentiram dissimuladamente aos apóstolos. Bem, você sabe o que aconteceu a esse casal, não é? Ou seja, a Igreja Primitiva, apesar de seus problemas — pois era formada por seres humanos falhos — tinha zelo pela responsabilização das atitudes reprováveis e uma busca pela unidade e harmonia. Acredito que esse espírito de combate aos problemas e da busca pela unidade, reconciliação e sacrifício em favor do próximo tem faltado em muitas de nossas igrejas.

Há ainda outros exemplos sobre problemas com relação ao assunto de preconceito e alteridade na Bíblia. Primeiro, os personagens das Escrituras não são brancos europeus, como muitas vezes é representado em nossas comunidades. Os cuidadosos conseguirão perceber que é possível averiguar que houve casos de orgulho étnico registrados na Bíblia. Vejamos alguns exemplos:

1. os irmãos de Moisés (Números 12): racismo/preconceito (como a Bíblia de Estudo de Genebra chama) racial com a esposa Cuxita (etíope negra) de Moisés;

2. Natanael com o povo de Nazaré (João 1.46): "pode vir algo bom de Nazaré?" Revela um pensamento que desonra a dignidade do povo de Nazaré;
3. O orgulho étnico dos judeus para com os samaritanos (Lucas 9.51,55; João 8.48).

Olhando esses exemplos, a pergunta é: "como Deus lida com essas questões?" Bom, aos irmãos de Moisés, Deus castiga com lepra. Natanael obteve sua resposta de que Jesus, o Salvador do mundo, o homem mais excelente, o Homem-Deus, veio de Nazaré, o local improvável aos olhos de Natanael. E Jesus foi enfático com relação abandono do orgulho étnico na relação dos judeus com os samaritanos (Lucas 10.25-37).

A RESPONSABILIDADE SOCIAL CRISTÃ

Certamente, a pregação do Cristo ressurreto é a mensagem principal da igreja, pois o corpo viverá 80, 90, 100 anos, mas a alma viverá eternamente. Não há cabimento, sob nenhuma forma, comparar a justiça social com a pregação do evangelho. A grande questão é ter uma visão teológica não dicotômica, é compreender que na missão da igreja também há a responsabilidade social, que emana do mandato cultural. Essa responsabilidade social que faz — ou deveria fazer — com que o cristão levante sempre a bandeira contra as injustiças, denunciando toda e qualquer injustiça presente nesse mundo que jaz no maligno.

O Movimento de Lausanne foi um grande marco nesse sentido e, em 1974, reuniu lideranças cristãs para um congresso sobre evangelização mundial. O movimento que nasceu no coração do

Billy Graham[2] permanece até os dias atuais com o seu pacto — o Pacto de Lausanne — onde há um conjunto de crenças com relação à pregação do evangelho, com foco especial nos povos que ainda não ouviram falar de Jesus, e nas boas obras para a sociedade.

Na parte de "Responsabilidade social cristã", o pacto de Lausanne diz o seguinte:

> Afirmamos que Deus é o Criador e o Juiz de todos os homens. Portanto, devemos partilhar o seu interesse pela justiça e pela conciliação em toda a sociedade humana, e pela libertação dos homens de todo tipo de opressão. Porque a humanidade foi feita à imagem de Deus, toda pessoa, sem distinção de raça, religião, cor, cultura, classe social, sexo ou idade possui uma dignidade intrínseca em razão da qual deve ser respeitada e servida, e não explorada. Aqui também nos arrependemos de nossa negligência e de termos algumas vezes considerado a evangelização e a atividade social mutuamente exclusivas. Embora a reconciliação com o homem não seja reconciliação com Deus, nem a ação social evangelização, nem a libertação política salvação, afirmamos que a evangelização e o envolvimento sociopolítico são ambos parte do nosso dever cristão. Pois ambos são necessárias expressões de nossas doutrinas acerca de Deus e do homem, de nosso amor por nosso próximo e de nossa obediência a Jesus Cristo. A mensagem da salvação implica também uma mensagem de juízo sobre toda forma de alienação, de opressão e de discriminação, e não devemos ter medo de denunciar o mal e a injustiça onde

---

[2]Disponível em: https://lausanne.org/pt-br/about-lausanne.

quer que existam. Quando as pessoas recebem Cristo, nascem de novo em seu reino e devem procurar não só evidenciar mas também divulgar a retidão do reino em meio a um mundo injusto. A salvação que alegamos possuir deve estar nos transformando na totalidade de nossas responsabilidades pessoais e sociais. A fé sem obras é morta.[3]

Ter uma visão integral da vida cristã significa se importar integralmente com o que Deus se importa: a salvação das almas e a promoção da justiça. Isso significa denunciar as problemáticas de nossa sociedade. Quando se fala sobre racismo, preconceito e discriminação, as pessoas tendem a politizar o tema e considerá-lo assunto de um determinado espectro político. Porém, isso é problemático. A justiça não deve ser partidarizada, pois é um assunto bíblico.[4]

O pastor Mika Edmondson diz que: "diversidade e inclusão são ideias do Senhor, não nossa",[5] e, por diversidade e inclusão, Mika está se referindo à diversidade racial e inclusão de pessoas diferentes em nossas congregações. O teólogo Tim Keller corrobora com essa visão: "Falar de opressão, justiça etc. não faz de ninguém um marxista. Isso torna a pessoa um estudante da Bíblia."[6] Um bom estudante da Bíblia sabe que Deus se importa com a justiça e

---

[3] Disponível em: https://lausanne.org/pt-br/recursos-multimidia-pt-br/pacto-de-lausanne-pt-br/pacto-de-lausanne.
[4] Salmos 11.7, Deuteronômio 32.4, Salmos 37.27-29, Efésios 6.14, Mateus 5.6, Miqueias 6.8, Isaías 61.8 etc.
[5] Disponível em: https://twitter.com/mika_edmondson/status/1283144789-429559297.
[6] Disponível em: https://twitter.com/timkellernyc/status/1296510623271-063552

odeia a opressão, seja ela de qualquer natureza. Enquanto as posições políticas forem mais importantes aos cristãos que a promoção de justiça social, continuaremos errando o alvo de demonstrar a mensagem do evangelho na sociedade. Além disso, utilizar-se de discursos políticos para apatia é pecado.

É bom ressaltar que cristãos não se encaixam em sistemas bipartidários, pois a mensagem do evangelho está além de espectros políticos criados por homens falhos.[7] É verdade que ainda há os que esperam um messias político, e não estou falando dos judeus. É preciso sabedoria na procura pela representatividade da cosmovisão cristã na política, pois muitos acabam por ter uma esperança quase escatológica em figuras humanas. Sendo que todos os governantes ao redor do mundo, por serem humanos, têm suas falhas morais. Ter a política como deus e depositar nos políticos esperanças redentoras é ter o passaporte carimbado para frustrações e extremismos. Nem a esquerda e nem a direita representam de modo integral a mensagem do evangelho.

Contudo, a tendência a dar ouvido ao que o coração diz e não ao que os fatos apontam é o nosso maior problema. As guerras e partidarismos extremados nos mostram isso, e isso nos enfraquece. Ficar alegre com a vitória de alguém a ponto de achar que o bem venceu, ou se entristecer a ponto de achar que o mal ganhou revela distorções nas mentes que entendem a política como a redenção da sociedade. Tim Keller diz que um sinal de idolatria

---

[7]Keller, Timothy. "Como os cristãos se encaixam no sistema bipartidário? Eles não se encaixam". Disponível em: https://lecionario.com/como-os-crist%-C3%A3os-se-encaixam-no-sistema-bipartid%C3%A1rio-eles-n%C3%A3o-se--encaixam-c8e8078c6eaf.

política é que os oponentes não são considerados equivocados, mas maus.[8]

Nesse mundo caído sempre haverá um mal a se consertar. Estamos quebrados e precisamos de uma ajuda externa a nós. Nós, cristãos, ao exercemos cidadania, não podemos perder de vista quem pode realmente arrumar toda a bagunça da falha moral em nossa sociedade, a saber, Cristo. É na mensagem do evangelho, no viver diligente da pregação das boas-novas e a prática das boas obras, que encontraremos a forma correta de ser bons mordomos desta terra.

Portanto, é urgente a dissociação da responsabilidade social cristã com um determinado espectro político. Uma coisa a ser pensada é que talvez se temos a habilidade de associar pautas que são responsabilidades nossas como cristãos a determinadas ideologias é porque a igreja permanece inerte, estagnada e indiferente aos problemas da cultura. Contudo, na mensagem bíblica não existe a opção de silenciamento ou mesmo de apoio ativo do cristão às injustiças que rodeiam a sociedade.

A justiça que o cristão deve buscar é justiça bíblica. Tim Keller, em *Justiça generosa*, diz o que seria fazer justiça: "quando tratamos todos os seres humanos como criaturas de Deus. Fazer justiça inclui não apenas o conserto do que está errado, mas também generosidade e interesse social, especialmente em relação a pobres e vulneráveis. Esse tipo de vida reflete o caráter de Deus." Todo o meu pensamento neste assunto parte dessa perspectiva bíblica do

---

[8]Disponível em: https://twitter.com/timkellernyc/status/1324556181881-475072.

que seja a promoção da justiça na sociedade, o que vem a ser uma da responsabilidade social do cristão.

CRISTÃOS NA SOCIEDADE

No artigo de Mats Tunegam,[9] "Deus se interessa por negócios", ele fala sobre a dicotomia grega gnóstica que muitas das vezes permeia a mentalidade dos cristãos:

DICOTOMIA GREGA GNÓSTICA

BOM	MAU
Espiritual	Físico
Sagrado	Secular
Clérigo	Leigo

"A dicotomia (divisão) entre sagrado e secular, entre mundo espiritual e físico, não é bíblica, possui raízes na filosofia grega gnóstica. Foi considerada uma heresia pela igreja. Entretanto, ainda permeia nosso pensamento, nossa teologia e nossa missão estratégica."[10] É interessante perceber que essa visão dicotômica, entre o sagrado e o profano, faz com que muitos cristãos vivam em letargia frente às questões pelas quais Deus se interessa na sociedade como um todo. De acordo com Francis Schaeffer:

---

[9] Foi o desenvolvedor do conceito de "negócios como missão" (Business as mission)", que é uma categoria missionária que usa os negócios com objetivos missionais-evangelísticos.

[10] TUNEHAG, Mats. "Deus se interessa por negócios". https://www.martureo.com.br/deus-se-interessa-por-negocios/.

a salvação tem algo a dizer não somente ao homem individual, mas também à cultura. O cristianismo é individual no sentido de que cada homem deve ser convertido, nascido novamente, um de cada vez. Mas não é individualista. A distinção é importante. Como Deus fez o homem, ele também fez uma Eva de forma que poderia haver relações horizontais finitas entre duas pessoas. E estas relações humanas são importantes a Deus, pois "o poder de Deus para salvação" também tem a interação entre duas pessoas e entre todas as pessoas. Deus está interessado no homem por inteiro e também na cultura que flui da relação entre as pessoas.[11]

Olha, não podemos deixar cair no esquecimento de que o tempo presente está sob o domínio do príncipe das trevas (2Coríntios 4.4; Efésios 6.12). Logo, a luta contracultural exige também uma luta contra as injustiças presentes. É necessário não apenas dizer "racismo é pecado", mas começar a agir, se levantar em favor da dignidade humana de forma intencional, efetiva e integral.

"Mentira é pecado!"; "Roubo é pecado!"; "Sexo antes do casamento é pecado!"; "Homossexualismo é pecado!" etc... Existem palestras, conferências, pregações e livros diversos para falar sobre esses (e outros) problemas. Mas por que, no que diz respeito ao racismo, limitamo-nos apenas a repetir a máxima "racismo é pecado"? Por que não há livros, palestras, pregações específicas, conferências, que combatam o pecado da discriminação que é tão intrínseco à nossa sociedade? Existe algo de desconexo. Acredito piamente no que a Bíblia diz, isto é, que devemos exortar e confrontar o pecado.

---

[11]*Morte na cidade*, p. 57-8.

E o racismo é pecado. Por que não falamos de forma significativa desse assunto em nossas comunidades? Por que muitas vezes não confrontamos o pecado de nosso irmão racista, assim como confrontamos nosso irmão mentiroso ou fofoqueiro ou adúltero?

Como disse o pastor Igor Miguel, o "racismo e a segregação racial, além de ofensas contra uma criatura à imagem de Deus, são também afrontas contra o próprio Deus, um sério agravante."[12] A idolatria racial deve ser combatida, e não será combatida se deixarmos o nosso irmão pecando abertamente sem confrontação. Como bem disse o teólogo Anthony Bradley, "você não pode ter reconciliação racial sem iniciativas locais de justiça transicional."[13] Não tem como ser contra o racismo se não confrontamos os racistas, de modo coerente e bíblico, mostrando-lhes seu pecado. A reconciliação verdadeira só pode ocorrer quando houver o abandono do pecado que nos separa. E, nessa confrontação, precisamos dos nossos irmãos brancos. Não deve ser negro somente contra o racismo, mas toda a sociedade. Precisamos dos seguidores do Cristo crucificado e ressurreto que se importam com aquilo que Deus se importa: a promoção da justiça.

UBUNTU

O Senhor Deus fez os seres humanos com as diferenças que têm para mostrar a sua glória sob muitas formas. O problema é que o pecado destruiu tudo e, em vez de as diferenças serem apreciadas,

---

[12] Miguel, Igor. "Ressentimento e hospitalidade". Disponível em: https://igorpensar.medium.com/ressentimento-e-hospitalidade-1251a7ac01fa.
[13] Disponível em: https://twitter.com/drantbradley/status/1310558531318-427654.

elas são depreciadas e causam estranhamento e afastamento. Essa lógica funciona também com a diversidade racial. A etnia e a cultura são algo muito bonito que o Senhor fez, a partir da sua graça criativa. Porém, o pecado, ao invadir o coração humano, faz com que o homem se orgulhe de si e suas conquistas. E o orgulho causa a supervalorização do que é seu, em detrimento do que é do outro. Nos comparamos e com isso geramos classificações, e muitas das vezes colocamos ao outro como inferior. Não deveria ser assim. Em Cristo, cada ser humano tem valor. E nele, apesar de muitos — e diversos — nós somos um. Em nossas diferenças Ele também é glorificado!

A filosofia africana "Ubuntu", que quer dizer algo como "eu sou porque nós somos", converge com o princípio cristão da unidade do Corpo. Ele morreu para convergir em si povos de todas as tribos, povos, língua e nação. Se nos empenharmos, a começar de nós mesmos — avalie e mude suas próprias atitudes primeiro antes de exigir de outros — poderemos vencer as barreiras que nos dividem e lutar por uma unidade verdadeira e duradoura.

Ubuntu,
Eu sou porque nós somos. Nós somos porque Ele é.
Tudo começa, se sustenta e termina nele.
Porque dele, por meio dele e para Ele são todas as coisas.

CONCLUSÃO

> Respondeu-lhe Jesus: Amarás o Senhor,
> teu Deus, de todo o teu coração,
> de toda a tua alma e de todo o teu entendimento.
> Este é o grande e primeiro mandamento.
> O segundo, semelhante a este, é:
> Amarás o teu próximo como a ti mesmo.
> Destes dois mandamentos dependem
> toda a Lei e os Profetas.
> **MATEUS 22.37-40**

Amar ao próximo a ponto de esquecer-se de Deus é idolatria. Amar a Deus a ponto de esquecer-se do próximo é utopia. Não há como amar a Deus, a quem não vemos, se não amarmos ao próximo, a quem vemos. Não sou eu quem digo, é a Bíblia. E ainda mais, a Bíblia chama de mentiroso quem diz que ama a Deus, mas não tem o mesmo sentimento em relação a seu irmão (1João 4.20-21).

Em Lucas 10.25-37, o Evangelista escreve sobre a parábola do Bom Samaritano. Nessa parábola, um judeu foi assaltado e deixado quase morto. Passou por ele um sacerdote e um levita, ambos judeus e trabalhadores do templo do Senhor, e não dera assistência ao judeu necessitado. Como disse Jesus, o sacerdote e o levita chegaram ao lugar onde estava a vítima, a viram, e passaram pelo outro lado. Depois disso, passou por aquele caminho um samaritano, que tinha conflitos sociopolíticos, raciais e religiosos com os judeus, e, ainda assim, ajudou o ferido da estrada.

Essa história foi contada por Jesus para responder à pergunta que um mestre da lei o fizera. Primeiro o mestre da lei perguntou o que era necessário fazer para herdar a vida eterna, ao que Jesus respondeu que era para seguir o que estava escrito na Lei: amar a Deus sobre todas as coisas e ao próximo como a si mesmo (Lucas 10.25-28). Logo, o mestre da lei perguntou novamente: "quem é o meu próximo?", ao que Jesus respondeu com a história do bom samaritano. Ao fim, Jesus perguntou ao mestre da lei: "Qual destes três você acha que foi o próximo do homem que caiu nas mãos dos assaltantes?" (Lucas 10.36), e o mestre da lei respondeu: "Aquele que teve misericórdia dele" (Lucas 10.37). Jesus lhe disse: "Vá e faça o mesmo".

"Ó ser humano! Ele já te revelou o que é bom; e o que Yahweh exige de ti senão apenas que pratiques a justiça, ames a misericórdia e a lealdade, e andes humildemente na companhia do teu Deus!" (Miqueias 6.8, King James). O sacerdote e o levita foram reprovados em suas condutas, descumprindo a lei que eles mesmos ensinavam. Eles agiram como Caim, dizendo: "acaso sou eu o guarda do meu irmão?" Enquanto muitos, dissimuladamente, perguntam se o negro é o seu próximo, não há como existir uma comunidade sadia. Deus quer misericórdia e não sacrifícios (Mateus 9.13). Se

CONCLUSÃO

amamos a Deus, devemos amar também ao nosso próximo. E o racismo é o ódio, o desamor direcionado ao próximo.[1] Se dizemos amar a Deus, mas odiamos nosso próximo, nossa religião é vazia e não condiz com os ensinos de Cristo. "Todo aquele que odeia seu irmão é homicida" (1João 3.15).

NEGRO É LINDO

O meu direito de ir e vir, como negra, e de não ser agredida, física ou verbalmente, de forma direta ou indireta, é garantia constitucional. Com a instituição das leis de proteção humana, a dignidade humana e o respeito aos cidadãos são garantias constitucionais. Não sofrer constrangimentos não é um privilégio, é um direito. Não ser perseguido em uma loja por sua cor não é um privilégio, é um direito. Ter acesso a tratamento de saúde de qualidade não é um privilégio, é um direito. Ter educação de qualidade não é um privilégio, é um direito. Não sofrer nenhum tipo de preconceito não é um privilégio, é um direito. Não ser um vulnerável e um esquecido social não é um privilégio, é um direito. Não ter a vida dificultada pela cor de pele não é um privilégio, é um direito. Circular em ambientes e não ser julgado por sua etnia não é um privilégio, é um direito.

Quando necessidades humanas básicas são consideradas como privilégios — algo para um grupo seleto e não para toda a humanidade — podem acabar surgindo vários problemas, entre eles, a apatia. Por observar determinada coisa como privilégio, é muito mais fácil ter uma ideia de que não se vai alcançá-lo e que na verdade

---

[1] Sim, o negro é o seu próximo! Não finja que não o vê.

apenas uns na sociedade devem e podem tê-lo, quando, na verdade, por causa da dignidade das pessoas, devemos lutar para que todos os direitos sejam respeitados e, assim, as oportunidades sejam mais igualitárias. Precisamos voltar à doutrina da *imago Dei*, e assim lutar para que todas as pessoas possam ter acesso aos seus direitos, de forma plena. Apenas assim, poderemos excluir, gradativamente, a confusão entre direitos e privilégios.

Eu não preciso ser branca para ter valor. Ninguém que é não branco precisa. Se Deus quisesse tudo igual, ele não teria feito tudo diferente. Há beleza em tudo o que o Senhor fez. Ao fim de sua criação, ele disse que tudo era muito bom. Então, não ouse chamar de ruim o que o Criador chama de muito bom! O negro é lindo!

A cor das pessoas negras é linda. As expressões culturais das pessoas negras são profundamente ricas e belas! O nosso *black* é lindo, assim como nossas tranças também. O nosso nariz largo é lindo. Nossos lábios grossos são lindos. As nossas individualidades, o que nos faz ser negros, é lindo, pois foi Deus mesmo quem, a partir de sua graça criativa, fez dessa forma.

Se você é negro, sempre se achou feio, sempre se diminuiu por você ser quem é, saiba que quem te compôs te desenhou da forma como você é disse ao final que tudo o que fez em ti ficou perfeitamente ajustado, ficou "muito bom". Olhe para o Criador, confie no que ele diz sobre você e siga sua caminhada de peregrinação por essa terra. Ainda que o racista tente diminuir a nós e toda a expressão de nossa personalidade, resistamos e confiemos no que o Senhor diz. E ele diz que: negro é lindo. Podemos responder ao Senhor, dizendo, com confiança: "Eu te louvarei, porque de um modo assombroso e tão maravilhoso fui feito; maravilhosas são as tuas obras, e a minha alma o sabe muito bem" (Salmos 139.14). Negro é lindo.

CONTINUAMOS SONHANDO

Quero terminar esse livro fazendo menção a Martin Luther King e ao seu legado. Em uma parte de seu famoso discurso "Eu tenho um sonho" [I have a dream], ele diz: "Eu tenho um sonho que meus quatro pequenos filhos um dia viverão em uma nação onde não serão julgados pela cor da pele, mas pelo conteúdo do seu caráter. Eu tenho um sonho hoje." Contudo, o Martin Luther King III, filho do Martin Luther King Jr., hoje em dia está com 63 anos de idade, e é advogado e ativista pelos direitos dos negros, pois, infelizmente, o sonho do seu pai ainda não foi realizado. Negros continuam a serem julgados pela cor de sua pele e não pelo conteúdo de seu caráter.

Em uma entrevista ao jornal *O Globo*[2] Martin Luther King III foi perguntado se estava cansado por ainda ser preciso erguer a voz contra problemas como racismo, pobreza e desigualdade social:

> Meu pai dizia: "O progresso humano não é nem automático nem inevitável... Cada passo em direção ao objetivo da justiça requer sacrifício, sofrimento e luta; os esforços incansáveis e a preocupação apaixonada de indivíduos dedicados". Sim, é fácil

---

[2]Disponível em: https://oglobo.globo.com/mundo/nunca-existiu-movimento-tao-poderoso-por-justica-nos-eua-como-agora-diz-filho-de-martin-luther-king-jr-24953939.

se sentir cansado e frustrado com o estado do nosso mundo. Minha inspiração para continuar muitas vezes vem da minha filha, Yolanda. Ao mesmo tempo em que tenho certeza que meu pai estaria triste por ver que ainda estamos lutando por justiça, eu sei que ele estaria muito orgulhoso de sua neta e dos milhões de outros jovens que se levantam por um mundo melhor.

Apesar do cansaço da luta pela causa antirracismo, não podemos nos dar ao luxo de recuar. Além do mais, como o próprio Martin Luther King Jr. disse: "a injustiça num lugar qualquer é uma ameaça à justiça em todo o lugar".[3] Se queremos um mundo com menos injustiças, precisaremos batalhar. Nesse sentido, para nós que amamos a justiça, o sonho de Martin Luther King se tornou nosso sonho também. E é por isso que continuamos lutando pelo sonho do dr. King, o sonho da unidade e reconciliação plena da raça humana. O sonho de que os negros não serão mais julgados pela sua cor de pele, o sonho de que o estigma da cor será diluído gradualmente. O sonho de Martin Luther King Jr. se tornou o nosso sonho também. E por isso que seguimos lutando para envergonhar as trevas, com seus planos de hostilidade e separatismo, com a luz preciosa do evangelho. O Senhor faz justiça e julga a causa dos oprimidos.

UNIDADE NA DIVERSIDADE

A visão geral das Escrituras é definida pelo teólogo David Platt como unidade na diversidade.[4] Fazendo-se um panorama geral da

---

[3] Martin Luther King, *Por que não podemos esperar* (São Paulo: Faro Editorial, 2020), p. 88.
[4] David Platt, *Contracultura* (São Paulo: Vida Nova, 2016), p. 213.

CONCLUSÃO

Bíblia, com relação aos conflitos e tensões raciais, com três versículos por base, percebe-se que: primeiramente, em Gênesis 1.26-27 é falado que os seres humanos são imagem e semelhança de Deus, e isso garante a dignidade de todas as pessoas. As pessoas não têm dignidade por causa de sua etnia, seu país, ou por ter dinheiro, pessoas são valiosas porque são imagem e semelhança de Deus. Vidas negras importam não porque um movimento disse, mas porque Cristo diz.

Seguindo, temos Atos 10.34, em que nos é dito que Deus não faz acepção de pessoas, e isso garante a equidade entre as pessoas. Deus nos trata a partir de nossas diferenças, ou seja, a partir de nossas desigualdades, nossas necessidades. Isso é equidade. Por fim, em Apocalipse 7.9-11 vê-se que Cristo congrega em si povos de todas as tribos, povos e língua, que garante a unidade. "A unidade na diversidade é mais bela e mais poderosa do que a unidade na homogeneidade", como disse o pastor John Piper em uma pregação de 2014.[5] O Senhor não haverá de destruir nossas diferenças no Grande Dia, pelo contrário: o Senhor valoriza a sua própria Graça Criativa e isso — sua criatividade em suas criaturas — permanecerá eternamente.

Portanto, a diversidade deve ser buscada e apreciada. Como disse Ana Staut, "a diversidade do corpo de Cristo deve ser admirada e prezada, e até mesmo buscada. Se a diferença racial e étnica foi colocada por Deus em sua criação, ela deve ser espelhada na Igreja, pré-anunciando o reino Eterno."[6] Porém, como se sabe, o racismo

---

[5]Disponível em: https://voltemosaoevangelho.com/blog/2014/03/o-sentido-ultimo-da-verdadeira-feminilidade-john-piper/.

[6]Ana Staut, "Diversidade racial na linguagem do evangelho", disponível em: https://medium.com/@anastaut/diversidade-e-racial-na-linguagem-do-E-vangelho-adbc1b18a66a.

causa uma ruptura na comunhão do corpo. Racismo é pecado. E "reconhecer que racismo é pecado exige de nós uma autoanálise. Cristãos vencem pecados não pela omissão, mas pelo enfrentamento de suas próprias chagas e o profundo arrependimento", como bem disse Iza Vicente.[7] É bom que haja um enfrentamento e um plano de ação efetivo para combater o racismo e para a promoção da justiça e reconciliação racial.

No caminho da luta para a justiça racial, não podemos nos esquecer de que a "nossa luta não é contra seres humanos" (Efésios 6.12). A nossa justiça própria pode ganhar voz e podemos acabar agindo de forma contrária à ordem bíblica se não procuramos diligentemente agir como Cristo também na luta antirracismo. Demonizar o outro é sempre mais fácil que dialogar, exortar e corrigir, mas esse não é o caminho de Jesus. Ana Azevedo contribui dizendo que "normalmente, diante de injustiças que sofremos pessoalmente, sentimos raiva e desejamos que nos seja feita justiça, mas, ao querermos fazer justiça com nossas próprias mãos, tornamo-nos justiceiros, vingativos e não justos."[8] Achar que a nossa justiça própria se iguala à justiça divina é tão danoso quanto aquele anjo de luz que queria ser como Deus. A gente sabe o que aconteceu com ele. Se agimos com justiça própria, é porque nosso coração idólatra acredita que podemos resolver a questão à parte de Deus. Mas não podemos. Por isso precisamos lutar contra o racismo da forma que agrada a Deus.

---

[7] Izabella Vicente, "Racismo é pecado", disponível em: https://medium.com/@izabella.vicente/racismo-%C3%A9-pecado-52bfff30d7e4.

[8] Ana Azevedo, "R de Racismo, ou de ressentimento", disponível em: https://medium.com/projetoagostinhas/r-de-racismo-ou-de-ressentimento-cdf2120bc83b.

CONCLUSÃO

PALAVRAS FINAIS

Finalmente, irmãos, busquemos consistentemente a unidade do corpo de Cristo, de forma que a igreja do Senhor viva de forma una, reconciliados pelo sangue de Cristo Jesus. Há muito a fazer nas igrejas com respeito ao tema da justiça social e, de forma mais afunilada, a justiça racial. Este livro teve por objetivo iniciar o debate. O mal do racismo também atinge nossas congregações e precisa ser confrontado e combatido. Deus criou cada ser humano de forma singular e deu-lhe valor. Devemos, portanto, silenciar nossos preconceitos e dar o devido respeito que cada ser humano merece, por causa da imagem e semelhança de Deus em cada um. Em Cristo, todos temos importância e deveríamos nos ver e ver nossos semelhantes sob essas lentes.

Sei que a abolição da escravatura e a criminalização do racismo não podem destruir o pecado do racismo, mas há alguém que pode. E quando o servimos, temos o dever de mudar nossas atitudes preconceituosas e racistas e agir para a promoção da justiça social. Com relação ao pecado do racismo, há muito — mas muito — ainda a ser feito, minha pele sabe, minha cor sabe, minha gente sabe. Luto pela melhora de tudo isso, principalmente para as próximas gerações. O que você está disposto a fazer para a redução do abismo no tratamento racial, considerando brancos superiores à negros, que ainda existe em nossa sociedade?

A respeito disso, Flora Ngunga disse:

> Uma igreja que antecipa o Reino de justiça ao manifestar vislumbres de respeito e hospitalidade já agora, que entre seus cidadãos vive sem preconceitos de raça ou cor, sendo também um canal de

cura e transformação, além de manifestação de uma verdade que um dia brilhará de modo perfeito."[9]

Assim é a reconciliação racial realizada com esmero, de modo que tenhamos o reino de Deus estabelecido, no quesito teológico do "já e do ainda não".[10] O Reino de Deus sendo vivido (já), andando de acordo com os ensinos de Cristo, mas ainda não completamente estabelecido, pois Cristo ainda não retornou.

E nesse processo de reconciliação, as vítimas devem ser ouvidas. Como disse Miroslav Volf, em seu livro *Exclusão e abraço*, comentando sobre Atos 6.1-6, a resolução do problema das viúvas helênicas foi a eleição de sete homens helênicos que cuidassem da injustiça que as viúvas helênicas estavam sofrendo. Volf conclui que "a justiça teve de ser buscada mediante a inversão de perspectivas e vendo o problema através dos olhos dos ofendidos".[11] É necessário abrir espaços onde os irmãos negros possam ser ouvidos sobre suas aflições e depois sejam abraçados e curados. Que haja reparação e fluir da justiça em nossas relações eclesiásticas também.

Que a liberdade ressoe em nossas comunidades a partir da comunhão plena e verdadeira do corpo de Cristo. Que nossas comunidades vivam de uma forma justa, íntegra e harmoniosa, a forma que agrada ao Senhor.

---

[9]Flora Ngunga, "As implicações do 'já e AINDA NÃO' no combate ao racismo", disponível em: https://medium.com/projetoagostinhas/as-implica%C3%A7%C3%B5es-do-j%C3%A1-e-ainda-n%C3%A3o-no-combate-ao-racismo-3b8b45311f81.

[10]Ibid.

[11]Miroslav Volf, *Exclusão e abraço*, 2. ed. (São Paulo: Mundo Cristão, 2021), p. 271-2.

Conclusão

Eu li a Bíblia. E lá, o Criador diz que eu sou imagem dele. O que isso significa? Que eu tenho valor e dignidade. Independentemente de minha classe, do meu gênero ou da minha cor.

Mas o pecado entrou no mundo. E os seres humanos não entenderam que eu também sou imagem de Deus.

Capturaram meu povo. Lá na África. Nos escravizaram.

Durante três séculos e meio, fomos tratados como mercadoria, como animais. Fomos tratados com indiferença.

A imagem de Deus foi violada.

Findou-se a escravidão, mas o legado dela ainda estão na sociedade. Meu povo luta contra o racismo, contra a discriminação racial, que nos mata, dilacera, destrói a autoimagem. Como sobreviver a tudo isso?

Mas o sol da justiça não parou de brilhar. O sol da justiça sempre há de brilhar.

Nós só queremos viver, o mínimo. Só queremos nossos direitos respeitados.

Queremos um novo mundo para nós e para as próximas gerações

Lute conosco! Para que a imagem de Deus não persista sendo violada.

Ilustração: "Sol da Justiça"

por Isaque Arêas

APÊNDICE
DICAS PRÁTICAS NO COMBATE AO RACISMO

Essas sugestões são de curto, médio ou até mesmo longo prazo. Dependerá em que nível o leitor e sua igreja local estão com relação ao conhecimento e envolvimento com o tema da justiça e reconciliação racial. E são apenas sugestões gerais. A forma como o racismo se dá é diversa e ampla demais. Aqui são apenas sugestões do que a igreja pode fazer, mas, é claro, as outras instituições da sociedade também devem fazer a sua parte.

NA ESFERA INDIVIDUAL
1º) CONHECER O QUE É O RACISMO

Como se levanta planos de combate contra algo da qual não temos conhecimento teórico? Como ser antirracismo na prática, se, conceitualmente, não se sabe ao certo o que é o racismo, de onde veio, e como se manifesta atualmente?

O primeiro passo, sem dúvida, é entender o que é o racismo. Entender a história da escravidão, de como ocorreu a colonização e como funcionava o sistema colonial, no passado. Aprofundar-se nas questões econômicas envolvidas na escravidão, principalmente na realidade brasileira. Tudo isso ajudará a entender as questões de desigualdade social e econômica, do presente. É urgente o abandono das discussões rasas sobre raça e racismo.

Entender o que é o racismo, e praticar os mandamentos bíblicos de amor ao próximo certamente ajudarão a desmistificar as questões de justiça social como ideologia para percebê-la como visão bíblica.

2º) DEPOIS DE APRENDER O QUE É O RACISMO, EXTIRPAR AS ATITUDES RACISTAS

Você sabia que uma pesquisa da Fundação Perseu Abramo revelou que 90% dos entrevistados diziam acreditar que há racismo no Brasil, porém apenas 19% diziam ter preconceito racial?[1]

Infelizmente, a maioria das pessoas tem mais facilidade em perceber o racismo nos outros e não em si mesmo. Nada muito novo, Jesus nos ensinou que nosso coração pecador tem facilidade em ver o cisco no olho do outro, mas é tardio em reparar a viga que está em nosso próprio olho (Mateus 7.3).

Porém, o certo deveria ser, partindo do que aprende sobre o racismo (minha primeira sugestão), observar primeiramente nossas atitudes e nossos pensamentos e eliminar a idolatria racial que se possa vir a ter. Arrependa-se do seu pecado, seja os que cometeu consciente ou inconscientemente, e mude sua mente e atitudes. Pense na dignidade de todos.

3º) PROCURAR VIVER EM DIVERSIDADE

Será que é mais fácil sermos sensíveis ao que vivemos ou percebemos a partir de outras vivências no nosso dia a dia? Será que, pelo nosso egoísmo natural, é mais fácil considerarmos "vitimismo" algo pelo qual nosso próximo passa, mas não faz parte de nossa vivência?

Procure viver com quem é diferente de você. Se você pessoalizar essa questão, tendo amigos negros e pardos, isso pode ajudá-lo a ter sensibilidade (e contato) com a dor que eles sofrem diariamente.

---

[1] Disponível em: https://fpabramo.org.br/2006/05/09/entrevista-gustavo-venturi-comenta-dados-relevantes-sobre-a-pesquisa-discriminacao-racial-e-preconceito-de-cor-no-brasil/.

APÊNDICE

Acima de tudo, procure a diversidade, pois Deus fez o mundo diverso e quer a unidade de sua criação. Se Deus quisesse tudo igual, não teria feito tudo diferente. Esteja aberto a aprender com a cultura e a forma de viver alheio, isso vai acrescentar-lhe, pois, talvez você viva em uma bolha, e isso não vai ajudar você a ter a sensibilidade necessária ao tema.

4º) PROCURAR APOIAR OU MESMO CRIAR PROJETOS QUE BUSQUEM DAR DIGNIDADE ÀS PESSOAS QUE ESTÃO MARGINALIZADAS

Temos dificuldade em negar a nós mesmos e pensar mais no próximo. Quanto você investe em si e quanto investe financeiramente, inclusive no seu próximo?

Busque projetos que cuidem de vulneráveis sociais (órfãos, pobres, pessoas em situação de rua etc.). Crie mecanismos de ajuda para pobres e/ou negros: bolsas de estudo, apoio financeiro, emocional, psicológico, pedagógico etc. Isso ajudará você a se envolver de forma mais intencional na dor do outro.

Um projeto que admiro bastante é o "Rio de Paz", criado pelo pastor Antônio Carlos Costa. A forma como atuam no combate à pobreza e às injustiças sociais é inspiradora. O Antônio Carlos Costa é um dos maiores exemplos, a meu ver, de como deve ser a atuação pública de um bom cristão.

5º) USE AS FERRAMENTAS QUE VOCÊ TEM

O que você tem em mãos? De forma objetiva e resolutiva você pode fazer um checklist das atividades que você exerce e que tem uma influência ou que é o idealizador observando a equipe que trabalha contigo. Vimos que o racismo é sistêmico, isso significa que mesmo que você não perceba, você pode estar retroalimentando o sistema. Logo, de modo objetivo, você pode pensar: o que tenho em mãos e como posso tornar isso aqui o mais diverso (étnico-racialmente) possível?

Por exemplo, você tem um *podcast* e, para isso, conta com uma equipe que o auxilia além dos convidados que você entrevista. Pergunte-se se ao seu redor há pessoas negras participando (não vale convidar para falar apenas de racismo. Negros conseguem falar de outros assuntos também). Não fique apenas no "racismo é errado", aja, segundo as ferramentas que você já tem, para a promoção da diversidade racial.

NA ESFERA ECLESIÁSTICA:

1º) APLICAR UMA PESQUISA ANÔNIMA SOBRE A PERCEPÇÃO DE RACISMO NA IGREJA

A melhor forma de se ter uma noção de como a igreja está com relação ao tema é ouvindo a comunidade local. Nessa pesquisa, poderia ser solicitado que as pessoas contem:

(1) se elas sofrem racismo de alguma forma fora da igreja; (2) se elas têm percepção de racismo dentro da igreja; (3) se admitem ter preconceitos raciais. Seria como um termômetro aos pastores e líderes para que saibam como planejar uma ação mais efetiva às necessidades da comunidade.

Pode-se igualmente fazer outra pesquisa estudando a membresia e os cargos de liderança, com a finalidade de buscar identificar os percentuais raciais e as demandas. Tudo a fim de incentivar e investir também nos irmãos negros da comunidade, com treinamento e capacitação de líderes negros para que haja diversidade racial não só na comunidade, mas também na liderança.

APÊNDICE

2º) PROMOVER DISCUSSÕES TEMÁTICAS A RESPEITO DA DIGNIDADE HUMANA PERIODICAMENTE NA SUA IGREJA

É comprovado cientificamente que fixamos aprendizados melhor com a repetição. Como as pessoas compreenderão o erro e os pecados em nossa comunidade se não forem expostas, constantemente, ao tema, e de como ele se manifesta em nossa sociedade?

É preciso ter uma boa teologia pública. A partir das evangelizações e missões, por exemplo, pode-se conversar a respeito da dignidade humana (a partir da Bíblia) com a comunidade local.

E possível promover periodicamente discussões sobre temáticas a respeito da dignidade humana. Também é possível fazer cartilhas para distribuir, nos evangelismos, à comunidade e ser voz e suporte aos que precisarem de ajuda.

Também é possível, nos cultos públicos, tirar um momento para a oração pelas questões de conflito étnico-racial. Esses momentos podem ser assuntos de oração pelas pessoas e famílias que apareceram nas notícias, na semana, que sofreram racismo ou discriminação.

3º) RECONHECER AS ETNICIDADES DA BÍBLIA

Você sabia que existem pessoas que cresceram em igrejas e achavam que não existiam personagens negros no povo de Deus?

Por causa da europeização, as ilustrações das pessoas da Bíblia são, de maneira geral, brancas. Porém, há uma variedade étnica no povo de Deus. Estudar, reconhecer e representar isso é importante! A igreja deve fomentar as múltiplas formas de beleza nas representações das peças teatrais, das revistas de Escola Bíblica ou em outras.

E mais: pode-se ainda reconhecer personagens negros ao longo da história da igreja e suas contribuições para o cristianismo, como Santo Agostinho, por exemplo.

Se queremos uma próxima geração menos problemática e que pense em reconciliação racial, não é inteligente que pensemos de forma mais específica na educação de nossas crianças? Reconhecer a etnicidade dos personagens Bíblicos poderia começar desde as salinhas de Ministério Infantil, onde pode haver o ensino sobre a diversidade racial, de modo que as crianças entendam. Nisso, os professores podem observar as revistas, para que contenham diversidade étnica também.

4º) OFERECER TREINAMENTOS MISSIONÁRIOS QUE SE PREOCUPEM COM AS QUESTÕES DE CONFLITOS ÉTNICOS

Alguns, tanto cristãos como não cristãos, pensam que missões é colonização inevitavelmente. Pelo caráter das missões nos séculos 16 e 18 terem visões imperialistas, há os que confundem os conceitos hodiernamente. Mas também há missionários que ainda hoje exercem missões de forma incorreta, sem respeitar os costumes e cultura do receptor, entendendo sua cultura como superior.

Bom seria que os seminários, as igrejas e as agências investissem em treinamento e capacitação missionárias também apresentando os aspectos culturais e étnico-raciais nesses cursos. Antropologia missionária é uma disciplina que fala também a respeito do racismo.

5º) OFERECER EDUCAÇÃO DE QUALIDADE

A educação de qualidade é uma das principais ferramentas para vencer o racismo.

APÊNDICE

As igrejas poderiam oferecer treinamentos e cursos que ajudem as populações mais pobres — que têm acesso apenas à educação pública precária. Esses reforços poderiam ser feitos por professores profissionais voluntários da igreja. Isso possibilitaria que o desfalque da educação fraca da escola pública não seja um empecilho na vida do preto pobre para a conquista de vaga na universidade e um bom emprego, consequentemente.

6º) CRIAR, DENTRO DA DINÂMICA DA IGREJA, MECANISMOS PARA OUVIR OS NEGROS SOBRE SEUS DESAFIOS DIÁRIOS

Você sabia que o índice de depressão e suicídio entre jovens negros é maior que entre pessoas não negras? Você sabia que Jovens negros têm maior chance de cometer suicídio no Brasil, segundo dados do Ministério da Saúde de 2019?

São muitos os desafios dos que sofrem o racismo diariamente e a carga emocional e sentimental envolvidos são muitas. É bom que a igreja trate das feridas dos irmãos não-brancos, para que os negros e pardos saibam como lidar, de modo bíblico, com as aflições e também para que os irmãos negros possam descarregar suas tensões emocionais diárias e não se sobrecarregar, mas percebam que o corpo de Cristo está junto a eles.

E, à medida que se descobre os desafios dos negros, falar sobre essa problemática nos púlpitos, nas Escola Bíblicas, nas células, em conferências, mesas redondas, eventos etc. Reconciliação racial é tema de interesse do Estado/sociedade e não apenas de partidos ou ideologias.

7º) OBSERVAR (E DISCIPLINAR) ATITUDES RACISTAS NA IGREJA

Com a auditoria, pesquisa de campo, sobre a percepção dos irmãos do racismo na comunidade local (sugestão de número 1), devemos averiguar as respostas e como se dá o racismo nos recintos da congregação e tratar o problema como se trata dos outros pecados.

A depender se for uma igreja multiétnica ou homogênea, haverá conflitos diversos e diferentes que devem ser avaliados e tratados. Pode-se também, nesse contexto, analisar as teologias adotadas e ver se são problemáticas, num sentido bíblico, em se tratando de reconciliação e justiça racial. Uma teologia que exalte o mito da maldição de Cam, por exemplo, direta ou indiretamente, é problemática. Uma teologia que não valorize a beleza da diversidade étnica e cultural é problemática etc.

Por fim, é bíblico que se exorte os irmãos a terem sensibilidade com o próximo e a avaliarem suas ações, caso estejam pecando, desafiando a igreja à promoção da justiça e reconciliação racial. Irmãos com atitudes racistas devem ser colocados em disciplina por um tempo, com acompanhamento discipulador.

REFERÊNCIAS

ADEYEMO, Tokunboh. *Comentário Bíblico Africano*. São Paulo: Mundo Cristão, 2016.

ALVES, Maria F. de. *Da repetição para a aprendizagem*: Desenvolvimento cognitivo por meio da interação. v. 11 n. 2, Veredas – Revista de Estudos Linguísticos, jul. 2016.

ANYABWILE, Thabiti. *Reparations are Biblical*. Disponível em: https://www.thegospelcoalition.org/blogs/thabiti-anyabwile/reparations-are-biblical/

AZEVEDO, Ana. *R de Racismo, ou de ressentimento*. Disponível em: https://medium.com/projetoagostinhas/r-de-racismo-ou-de-ressentimento-cdf2120bc83b

BENEVIDES, Santiago. *Mira Dime Dónde*. Disponível em: https://open.spotify.com/album/69mUdq5vTTTMNo1UDh1kSz?highlight=spotify:track:4Fqb6XYIfHuECTupi3JXtb

BLACK LIVES MATTER. Disponível em: https://blacklivesmatter.com/about/

BRADLEY, Anthony. *A política sozinha não pode transformar a América*. Disponível em: https://world.wng.org/2016/10/politics_alone_cannot_transform_america

BRUM, Argemiro J. *O desenvolvimento econômico brasileiro*. 19ª ed. Rio de Janeiro: Editora Vozes, 1998.

BURNS, Barbara; AZEVEDO, Decio de; CARMINATI, Paulo B. *Costumes e Culturas*. São Paulo: Vida Nova, 1995.

BURNS, Barbara. *Contextualização missionária*. São Paulo: Vida Nova, 2011.

CARDOSO, Carla, et al. *E eu não sou uma mulher? A narrativa de Sojourner Truth*. Rio de Janeiro: Ímã Editorial, 2020.

DAVIS, Angela. *Mulheres, raça e classe*. São Paulo: Boitempo Editorial, 2016. E-book.

DECLARAÇÃO Universal dos Direitos Humanos. Disponível em: https://www.unicef.org/brazil/declaracao-universal-dos-direitos-humanos

Elisa, Ana. *Diversidade Racial na linguagem do Evangelho*. Disponível em: https://medium.com/@anastaut/diversidade-e-racial-na-linguagem-do-Evangelho-adbc1b18a66a

Fo, Jacopo; Tomat, Sergio; Malucelli, Laura. *O livro negro do cristianismo*. Rio de Janeiro: Ediouro, 2007.

Gomes, Laurentino. *Escravidão – Volume I*. 1ª ed. Rio de Janeiro: Globo Livros, 2019.

Haley, Alex. *The Autobiography of Malcolm X*. EUA: Bellantine Books, 2015.

Heloysa, Ana. *Ensimesmo*. Disponível em: https://open.spotify.com/album/0Dp1VxXeXE2dqXJN4A4paS?highlight=spotify:track:2Ps-1tUqXeSNAjCcThi0J7Z.

Hughes, Dewi. *Peace to the Nations (Zechariah 9:10)*: Ethnicity in the Mission of God. Disponível em: https://lausanne.org/content/peace-to-the-nations-zechariah-910-ethnicity-in-the-mission-of-god

Keller, Kathy. *Jesus, justiça e papéis de gênero*. Rio de Janeiro: Thomas Nelson, 2019.

Keller, Timothy. *Como os Cristãos se Encaixam no Sistema Bipartidário? Eles Não se Encaixam*. Disponível em: https://lecionario.com/como-os-crist%C3%A3os-se-encaixam-no-sistema-bipartid%C3%A1rio-eles-n%C3%A3o-se-encaixam-c8e8078c6eaf

_____. *Justiça Generosa*. 1ª ed. São Paulo: Vida Nova, 2013.

_____. *Racismo e justiça à luz da Bíblia*. São Paulo: Vida Nova, 2020. e-book.

King, Martin L. *Eu tenho um Sonho*. Disponível em: https://www.brasildefato.com.br/2018/08/28/eu-tenho-um-sonho-ha-55-anos-martin-luther-king-proferia-discurso-historico/.

_____. *O sonho americano*. Disponível em: https://kinginstitute.stanford.edu/king-papers/documents/american-dream-sermon-delivered-ebenezer-baptist-church

_____. *Por que não podemos esperar*. São Paulo: Faro Editorial, 2020.

_____. (org. Clayborne Carson). A *autobiografia de Martin Luther King*. 1ª ed. Rio de Janeiro: Zahar, 2014.

Referências

LEMOS, Marcílio N.; CURADO, Bento A. A. J. F.; MACHADO, Lúcio de S.. *Tributação de escravos (peças) na Capitania e Província de Goyaz (1727-1888)*. RAGC, v.8, n.37, p.54-78/2020.

LEWIS, C. S. *Cristianismo puro e simples*. 3ª ed. São Paulo: Editora WMF Martins Fontes, 2009.

LIMA, Emanuel F.; SANTOS, Fernanda F.; NAKASHIMA, Henry A. Y.; TEDESHI Losandro A. *Ensaios sobre racismos*. São Paulo: Balão Editorial, 2019. E-book.

LOTIERZO, Tatiana H. *Contornos do (in)visível*: A Redenção de Cam, racismo e estética na pintura brasileira do último oitocentos. São Paulo, 2013.

MACEDO, JR. (org.). *Desvendando a história da África* [online]. Porto Alegre: Editora UFRGS, 2008. Diversidade Series.

MASON, Eric. *Tuíte*. Disponível em: https://twitter.com/pastoremase/status/1103288158152728578

MCCAULLEY, Esau. *Preaching Against Racism Is Not a Distraction from the Gospel*. Disponível em: https://www.christianitytoday.com/pastors/2019/august-web-exclusives/racism-preaching-against-not-distraction-from-gospel.html

_____. *Reading while black*. 1ª ed. Illinois (Estados Unidos): InterVasity Press, 2020.

_____. *Spiritual Revolutionaries in an Age of Despair*. Disponível em: https://www.christianitytoday.com/ct/2019/january-web-only/spiritual-revolutionaries-age-of-despair-anna-simeon.html

_____. *What 'Black Panther' Means for the Christians*. Disponível em: https://www.christianitytoday.com/ct/2018/february-web-only/black-panther-black-church-mission-christians.html

MIGUEL, Igor. *Ressentimento e Hospitalidade*. Disponível em: https://igorpensar.medium.com/ressentimento-e-hospitalidade-1251a7ac01fa

NABUCO, Joaquim. *O abolicionismo*. Rio de Janeiro: Centro Edelstein de Pesquisas Sociais, 2011. E-book.

NASCIMENTO, Analzira. *Evangelização ou colonização?*: O risco de fazer missão sem se importar com o outro. Minas Gerais: Editora Ultimato, 2015.

NGUNGA, Flora. *As implicações do "já e AINDA NÃO" no combate ao racismo*. Disponível em: https://medium.com/projetoagostinhas/as-implica%C3%A7%C3%B5es-do-j%C3%A1-e-ainda-n%C3%A3o-no--combate-ao-racismo-3b8b45311f81

PIPER, John. *O Racismo, a cruz e o cristão*. São Paulo: Vida Nova, 2012.

_____. *O sentido último da verdadeira feminilidade*. Disponível em: https://voltemosaoevangelho.com/blog/2014/03/o-sentido-ultimo-da--verdadeira-feminilidade-john-piper/

PLATT, David. *Contracultura*. São Paulo: Vida Nova, 2016.

REIFLER, Hans Ulrich. *Antropologia Missionária*. Londrina: Descoberta, 2003.

RIBEIRO, Alexandre V. *A contabilidade do tráfico de escravos*: O caixa do rei Kosoko de Onim. Anais do XV encontro regional de história da ANPUH-Rio, 2012.

RIBEIRO, Djamila. *O que é lugar de fala?* 1ª ed. Belo Horizonte: Letramento, 2017.

RODRIGUES, Vladimir Miguel. *O X de Malcolm e a questão racial norte-americana*. São Paulo: Editora Unesp, 2013. E-book.

ROSS, Mark. *Imago Dei*. Disponível em: https://ministeriofiel.com.br/artigos/imago-dei/

SANDEL, Michael J. *Justiça*: o que é fazer a coisa certa. Rio de Janeiro: Civilização Brasileira, 2019.

SANTOS, Ale. *Rastros de resistência*. 1ª ed. São Paulo: Panda Books, 2019.

SANTOS, Luiz Carlos. *Luiz Gama*. São Paulo: Selo Negro, 2010.

SCHAEFFER, Francis A. *Morte na cidade*. 2ª ed. São Paulo: Cultura Cristã. 2018.

SILVA, Irapuã S. N. da. *Dia 13 de Maio*: a maior fake news de nossa história. Livres: 2019.

SILVEIRA, Jonathan. *Um resumo da vida e pensamento de Martin Luther King e por que ele é importante hoje*. Disponível: https://tuporem.org.br/um-resumo-da-vida-trajetoria-e-pensamento-de-martin-luther-king-e--por-que-ele-e-importante-hoje/

SMITH, James K. A. *Você é aquilo que ama*. São Paulo: Vida Nova, 2017.

SPURGEON, Charles H. *Conselhos para obreiros*: o príncipe dos pregadores orienta os ministros da igreja. São Paulo: Vida Nova, 2015.

STOTT, John. *O Cristão em uma sociedade não cristã*. Rio de Janeiro: Thomas Nelson, 2019. E-book.

TISBY, Jemar. *How to Fight Racism*. Zondervan: 2021.

TOZER, A. W. *À procura de Deus*. Curitiba: Editora Betania, 2017.

TUNEHAG, Mats. *Deus se interessa por negócios*. Disponível em: https://www.martureo.com.br/deus-se-interessa-por-negocios/

VICENTE, Izabella. *Racismo é pecado*. Disponível em: https://medium.com/@izabella.vicente/racismo-%C3%A9-pecado-52bfff30d7e4

VOLF, Miroslav. *Exclusão e Abraço*. 2ª Ed. São Paulo: Mundo Cristão, 2021

Este livro foi impresso pela Umlivro, em 2024, para a Thomas Nelson Brasil. O papel do miolo é pólen natural 80g/m², e o da capa é cartão 250g/m².